CASTANEDA DOORGRONDEN

INZICHT IN CARLOS CASTANEDA

PETER LUCE

Translated by
WIJNAND DURK LANGERAAR

PETER LUCE

Opgedragen aan Sri, Komang, Alex en Tommy.

CASTANEDA DOORGRONDEN

Acknowledgments	vii
Castaneda's gepubliceerde werken	ix
1. Pablito's moeder	1
2. Waarom Castaneda Lezen?	5
3. Krachtplanten	23
4. Universele Kracht	37
5. Met de Dons in de Woestijn	49
6. Je Andere Zelf in de Afgrond Gooien	67
7. Het Andere Zelf Weer Terugvinden	85
8. Samen Dromen	99
9. Cocons en Filamenten	115
10. Conservatieven en Liberalen	131
11. Verloren in een Droom	141
12. Neerdalen in L.A.	165
13. Een Yaqui Afsluiting	177
14. Grootvader en Antoine	183
15. Twaalf Boeken, Dertig Jaar	193
Referenties	205
Over de Auteur	207

ACKNOWLEDGMENTS

Dank aan de redacteur, Leslie Caplan; Consultant en proeflezer, Paul Greenway; corrector, Sophie Mincke; en ontwerper, Sri Luce Rusna.

CASTANEDA'S GEPUBLICEERDE WERKEN

Boek 1
Castaneda, Carlos. 1968. De leer van Don Juan: Een Yaqui Wijze van Wetenschap

Boek 2
Castaneda, Carlos. 1971. Een Afzonderlijke Realiteit: verdere gesprekken met Don Juan

Boek 3
Castaneda, Carlos. 1972. Reis naar Ixtlan: De lessen van Don Juan

Boek 4
Castaneda, Carlos. 1974. Verhalen van Kracht

Boek 5
    Castaneda, Carlos. 1977. De Tweede ring van Kracht

Boek 6
    Castaneda, Carlos. 1981. De Gift van de Adelaar

Boek 7
    Castaneda, Carlos. 1984. Het Innerlijke Vuur

Boek 8
    Castaneda, Carlos. 1987. De Kracht van de Stilte

Boek 9
    Castaneda, Carlos. 1993. De Kunst van het Dromen

Boek 10
    Castaneda, Carlos. 1998. Magische Stappen

Boek 11
    Castaneda, Carlos. 1998. Het Wiel des Tijds

Boek 12
    Castaneda, Carlos. 1999. De Actieve Zijde van Oneindigheid

1

PABLITO'S MOEDER

Als je wilt weten waar je aan begint als je Carlos Castaneda wilt doorgronden, kijk dan naar deze gebeurtenis. Castaneda zei dat het een waargebeurd verhaal was, en het was echt gebeurd. Hij gaf geen exacte datum; het was ergens in 1974 of 1975.

Hij had zojuist zijn vierde boek 'Tales of Power' gepubliceerd. Aan het einde ervan beschreef hij het van een klif afspringen, de handeling die zijn leertijd beëindigde met de tovenaar, don Juan. Maar na het schrijven van het boek, voelde hij zich in de war. Hij zei dat hij naar Mexico terug was gegaan om erachter te komen wat er werkelijk met hem was gebeurd.

Hij besloot eerst naar het huis van Pablito te gaan. Pablito, zijn mede-novice, was die dag in 1973 met hem aanwezig op het plateau. Wat daar ook had plaatsgevonden, ze waren er samen geweest.

Toen hij rond de middag aankwam, reed hij helemaal rondom het dorp om te voorkomen dat hij gesignaleerd zou worden. Er was echter iets veranderd. Het voetpad was nu verbreed tot een weg; hij kon meteen naar de voortuin rijden. Het huis had een nieuwe façade en er zat een enorme hond voor de deur.

Pablito's moeder, dona Soledad, stormde de deur uit. Ze hadden haar 'Mrs Pyramid' als bijnaam gegeven, ter ere van haar grote achterwerk en puntige hoofd. Maar nu was ze opeens dun en goedgevormd en zag er twintig jaar jonger uit! Ze groette hem meteen, zette toen haar vuisten in haar heupen en ging tegenover hem staan, terwijl ze zichzelf aan hem toonde en de kracht van een jong meisje uitstraalde, met een glans in haar oog. Ze stak schaamteloos haar arm door de zijne; hij voelde haar borst tegen hem aangedrukt terwijl ze wegliepen van zijn auto.

Ze vertelde hem dat Pablito een paar dagen weg was. Toen hij naar don Juan vroeg, zei ze dat hij voor altijd weg was en nooit meer terug zou komen. Ze zei dat don Juan haar instructies had gegeven voor het geval Castaneda zou terugkeren. Ze zei tegen hem dat hij naar haar kamer moest komen.

Castaneda raakte in paniek en wilde weer weg, maar hij volgde Soledad de kamer in. 'Jij en ik zijn hetzelfde,' zei ze en ging op de rand van het bed zitten. Toen hij niet reageerde, stond ze op, liet haar rok vallen en streelde haar schaamstreek. "Jij en ik zijn hier hetzelfde! Je weet wat je moet doen!" Ondanks zijn alarm was Castaneda niet in staat om weg te kijken en bewonderde haar nieuwe, jeugdige lichaam.

Hij besloot dat hij maar beter weg kon gaan, dus verontschuldigde hij zich en ging naar zijn auto. Hij opende de bagageklep om wat cadeautjes uit te laden die hij wilde achterlaten. Terwijl hij naar binnen leunde, voelde hij een enorme harige hand de achterkant van zijn nek vastgrijpen.

Hij schreeuwde en viel op de grond. Dona Soledad stond een paar meter verderop en haalde haar schouders op met een verontschuldigende half-glimlach. Castaneda vroeg zich af hoe hij zo stom had kunnen zijn om opnieuw naar Mexico te komen en zichzelf in een 'bodemloze put' te storten.

Ze haalde uit en klauwde naar hem, haar tanden ontbloot. Hij gaf haar een schop en gooide zichzelf toen over de auto, maar ze greep hem bij zijn voet. Ze vielen op de grond. De enorme hond voegde zich bij het gevecht.

Castaneda rende naar binnen en deed de deur op de grendel. Hij hoorde de hond boven de schreeuwende dona Soledad uit grommen. Hij realiseerde zich plotseling wat een domme aktie hij net had ondernomen, alsof hij 'wegrende van een gewone tegenstander die kon worden buitengesloten door simpelweg een deur te sluiten'. Nu was hij het die opgesloten zat in het huis, terwijl de heks en haar hond tussen hem en zijn auto in zaten!

Hij liet Soledad het huis in, bloedend en gewond en schreeuwend over wat dat hondejong ('that son of a bitch dog') haar had aangedaan. Hij sprintte naar de auto, sprong achter het stuur, startte de motor en gooide hem in z'n achteruit. Hij keek over zijn schouder, recht in de ogen van de blaffende en kwijlende hond.

Hij ontsnapte op het nippertje en klom weer op het dak van de auto. Hij gleed heen en weer en probeerde het beest uit de ene deur te lokken, zodat hij door de andere naar binnen kon springen. Soledad keek vanuit het huis toe, lachend, met ontbloot bovenlichaam. Castaneda kon op dit moment even op adem komen en zag dat haar borsten aan het schudden waren door de stuiptrekkingen van haar lach. Hij stond bekend als een rokkenjager, en ze speelde daarop in. Hij ging terug het huis in.

Dona Soledad argumenteerde dat het hopeloos was om te proberen te ontsnappen, net zoals het onmogelijk voor haar was om hem daar te proberen te houden. De twee waren samengebracht voor een reden, en geen van beiden konden vertrekken totdat het doel was bereikt. Om hem te kalmeren, beloofde ze open kaart te spelen en eerlijk te antwoorden op wat hij maar zou vragen.

In haar kamer haalde Castaneda zijn notitieblok tevoorschijn en begon te schrijven. Ze vertelde hem haar volledige levensverhaal en haar geschiedenis met don Juan. Hij vroeg naar de andere alumni, mannen en vrouwen, wie ze waren en wat ze van hem vonden. Dit duurde vijf of zes uur, totdat het te donker werd om nog verder aantekeningen te maken.

Toen de nacht viel, maakte ze twee warme wasbakken klaar met geurend water en ze wasten zichzelf. Het bad maakte hem gevoelloos en tintelend. Vervolgens werd hij gewaar dat hij bovenop haar lag. Hij wist dat hij gevaar liep, maar toch was er iets dat hem daar vasthield.

Castaneda herinnerde zich dat don Juan hem ooit vertelde dat 'onze grote vijand het feit is dat we nooit geloven wat ons overkomt'. Hij begon zich langzaam te realiseren dat dona Soledad haar haarband om zijn nek had gewikkeld en 'met grote kracht en expertise' hem aan het wurgen was.

2

WAAROM CASTANEDA LEZEN?

De beroemde boeken van Carlos Castaneda over zijn tovenarij-leertijd bij Don Juan worden over het algemeen beschouwd als onderdeel van de tegencultuurbeweging in de jaren zestig. Wanneer we de naam van Castaneda horen, denken we aan de thema's van die tijd: rebellie, burgerrechten, vrijheid van meningsuiting, de seksuele revolutie, zelfbewustzijn, new-age spiritualiteit, Woodstock, hippies en, natuurlijk, marihuana, LSD en andere psychedelische drugs.

Castaneda's vroegere schrijfsels handelden over peyote, paddenstoelen en andere 'krachtcentrales'. Die focus heeft in hoge mate bijgedragen aan zijn succes in de late jaren zestig en vroege jaren zeventig in de VS. Zijn boeken werden geassocieerd met de populaire werken van Aldous Huxley, Timothy Leary, Ken Kesey en andere schrijvers van dat specifieke genre. Voor hen vormden LSD en andere psychotrope geneesmiddelen een manier voor de mensheid om de deur van de waarneming te openen, en haar bewustzijn uit te breiden naar een betere toekomst vol vrede en liefde. Er was ook een beweging richting esoterische oosterse religies, met name het hindoeïsme en het boeddhisme, met hun meditatie en yoga-tradities die innerlijke vrede beloofden. The Beatles waren wereldberoemd geworden en zongen over deze thema's, en het leek erop dat ze het goed samenvatten toen ze zongen "alles wat je nodig hebt is liefde".

Maar uiteindelijk had Castaneda daar helemaal niets mee te maken. Zoals de episode in het eerste hoofdstuk laat zien, was zijn exotisme niet kalm en rustgevend, of zelfs vreemd Alice in Wonderland. Het was donkerder en gevaarlijk, soms grensverleggend, altijd vergezocht maar toch nog steeds overtuigend. Er was geen zorgeloze rit naar een prachtige toekomst door uitgebreid bewustzijn met Castaneda. Het was meer alsof je werd weggejaagd en dan ergens op een gevaarlijke plek werd gegooid. Je hebt geen idee waar je bent. Je weet niet meer waar je vandaan kwam. Als je het overleefde, had je iets geleerd.

Hij wordt ook geassocieerd met de zelfhulpliteratuur die ontstond in de jaren zestig en zeventig. Castaneda's werk werd op deze manier op grote schaal verkeerd geïnterpreteerd. Nadat zijn boeken zo succesvol waren geworden, verschenen er tal van boeken van andere auteurs die zogenaamd Native American tradities van genezing, gezondheid en spiritueel welzijn promootten. Castaneda zei eigenlijk dat het 'zelf' verkort en gewist moest worden, niet gerepareerd en verbeterd. Voor hem was te veel bezorgdheid over zelfmedelijden en zelfpresentatie het belangrijkste kenmerk van de moderne mens, en de cruciale uitdaging voor de mensheid om er het hoofd aan te bieden om te overleven en vooruit te gaan.

Deze misinterpretaties beletten mensen vaak om te

zien en te begrijpen waar Castaneda eigenlijk over schreef in zijn werk, wat neerkwam op 12 boeken die tussen 1968 en 1998 gedurende 30 jaar werden gepubliceerd.

Er zijn ook kwesties van academische, journalistieke en literaire eerlijkheid opgeworpen door Castaneda's werk. Tijdens zijn leven beweerde hij, onhoudbaar, dat zijn boeken autobiografisch waren, dat hij Don Juan echt ontmoette en werd opgeleid als een tovenaar, en dat hij zelf een tovenaar was die een groep cohorten leidde in een moderne tovenarijzoektocht. Dit zijn echte problemen met Castaneda en onoplosbaar. Deze onopgeloste vragen over zijn basisintegriteit werken het schrijven zelf tegen. We moeten een oplossing voor dit probleem vinden, zelfs als het ook niet te bewijzen is, zodat we het kunnen omzeilen en naar het werk zelf kunnen kijken.

***

Wie was Carlos Castaneda eigenlijk?

Volgens zijn boeken was Carlos Castaneda een student antropologie aan de UCLA, die herhaaldelijk naar het zuidwesten van de VS reisde om 'informatie te verzamelen over de medicinale planten die door de Indianen in het gebied werden gebruikt', rond 1960.

Hij ontmoette Juan Matus, bekend als "Don Juan", een 70-jarige Yaqui-indiaan die niet alleen kennis had van medicinale kruiden als peyote en datura, maar ook een tovenaar was die afstamde van een traditie van sjamanisme en magie die zijn oorsprong vond in Centraal Mexico, meer dan 8000 jaar geleden.

De oorspronkelijke tovenaars van het oude Mexico waren in oude tijden verdreven door veroverende groepen en vervolgens met uitsterven bedreigd door de binnenvallende Spanjaarden en de Inquisitie. Hun toverijtraditie evolueerde in de loop van duizenden jaren naar iets moderners. Don Juan had een groep van zestien cohorten die deze moderne vorm nastreefden en zichzelf de 'nieuwe zieners' noemden.

Castaneda werd hun leerling en bracht dertien jaar door met het leren van tovenarij in Mexico, en vervolgens nog eens 25 jaar om zijn eigen tovenarijgroep op te zetten in Mexico en Los Angeles. Hij schreef twaalf boeken waarin hij zijn avonturen beschrijft en zijn training uitlegt. Hij stierf in 1998.

Volgens Castaneda's boek gebruikten de zestien tovenaars die hem hebben getraind om een nieuwe ziener te worden, een leermethode die ze geërfd hadden uit de oudheid. Ze gebruikten een vorm van bewustzijn die ze de 'tweede aandacht' noemden.

Leren tijdens de tweede aandacht is vergelijkbaar met hypnose of bepaalde vormen van anesthesie. De oude leraren konden deze staat in Castaneda veroorzaken, als een hypnotiseur die een patiënt hypnotiseert. Terwijl Castaneda in die staat was, die ze ook 'verhoogd bewustzijn' noemden, voelde hij zich ongelooflijk helder en volledig open voor suggesties.

Terwijl Castaneda zichzelf meer bewust was, konden zijn leraren hem alle eeuwenoude geheimen van tovenarij aanleren en hij zou onmiddellijk begrijpen wat hem werd geleerd. Dat leren zou met zekerheid ergens in zijn geest of lichaam worden opgeslagen, maar toen zijn les voltooid was, moest hij uit een verhoogd bewustzijn worden gehaald en weer normaal worden.

Net als een persoon onder hypnose, wanneer hij weer

normaal wordt, alles vergeet wat er gebeurd is terwijl hij onder hypnose is. Net als verdoofde patiënten die zich tijdens hun operatie bewust zijn zich niets zullen herinneren, vergeet een student die onder verhoogd bewustzijn wordt geleerd ook alles wanneer hij terugkeert naar normaal bewustzijn. Hij vergeet niet alleen wat hij heeft geleerd, hij vergeet ook dat hij zich in die veranderde staat bevond en wie bij hem was. Hij verliest dat deel van de tijd in zijn leven uit het oog.

Castaneda zegt dat het onmogelijk is om volledig over tovenarij te leren terwijl we in onze normale gemoedstoestand verkeren. Te veel ervan gaat in tegen ons gezond verstand en rationaliteit. In onze normale gemoedstoestand kunnen we tovenaarconcepten alleen op een theoretische manier accepteren, waardoor de kennis niet bruikbaar is voor ons, behalve als gespreksonderwerp.

In de eerste vijf van Castaneda's boeken, leert hij de tovenarij alleen maar van twee leraren - don Juan en zijn assistent don Genaro. Maar er waren van het begin tot het eind zestien ouderlingen verantwoordelijk voor zijn stage. Ze gebruikten hun vermogen om verhoogd bewustzijn te manipuleren zodat Castaneda zich, in zijn normale gemoedstoestand, nooit bewust was van veertien van zijn leraren. Ze leerden hem alles wat hij nodig had om hun kennissysteem te beheersen, en hem het vervolgens te laten vergeten en zelfs te vergeten dat hij bij hen was geweest.

Ze lieten hem de taak om hen en alle lessen alleen te onthouden om die kennis als zijn eigen persoonlijke kracht te claimen. Dit soort onthouden lijkt op het herstellen van verloren gebeurtenissen uit de vroege kindertijd in psychotherapie. Voor tovenaars in de traditie van don Juan wordt het gedaan door speciale droomtechnieken.

Castaneda zei dat het meer dan 20 jaar duurde om het meeste, maar niet alles te onthouden wat hem was geleerd. In die tijd schreef hij twaalf boeken die waren samengesteld uit zijn directe herinneringen in combinatie met zijn opduikende herinneringen, terwijl hij zich steeds meer herstelde.

In de vroege stadia gaf Don Juan hem hallucinogene planten om te eten en te roken, om hem uit zijn aanvankelijke lethargische toestand te schokken, maar dat was maar een heel klein deel van Castaneda's algehele ervaring. Bij het schrijven van zijn eerste twee boeken ging hij ervan uit dat zijn ervaringen met de planten voorop stonden, en dat geldt ook voor lezers die alleen zijn vroege boeken lezen.

***

Het uitleggen wat Castaneda in die twaalf boeken zei, en hij had een coherente boodschap die zowel complex als consistent was op alle niveaus, zal ik op verschillende paden benaderen. Ik zal de boeken één voor één bekijken en ze dateren. Het in de gaten houden van de chronologie van historische en literaire gebeurtenissen en hoe deze ineenstrengelen, brengen aan het licht wat er is gebeurd. Ik zal een aantal van de verhalen die hij vertelde samenvatten en enkele hoofdpersonages introduceren om nieuwe lezers op de hoogte te brengen en om oude lezers eraan te herinneren. Vervolgens zal ik zijn onderliggende filosofie toelichten en laten zien dat er een volledig consistente structuur van concepten is die van begin tot einde door de 12 boeken loopt.

Het zou niet effectief zijn om Castaneda's filosofie

simpelweg in een essay uit te leggen. Als ik het probeerde, zou de uitleg ongeveer zo klinken: Castaneda zegt dat de eerste aandacht zich bewust moet worden van de tweede aandacht door eraan te denken - dan heb je toegang tot de totaliteit van je wezen en je gewaarzijn. Maar het is onwaarschijnlijk dat je de poging overleeft.

Het is veel effectiever om het stap voor stap in een verhaal te onthullen. Dit is wat Castaneda heeft gedaan, en hoe het aan hem werd onthuld. Voor zover ik kan nagaan, heeft niemand het nog "begrepen". Het kostte Castaneda 30 jaar en 12 boeken om zijn reis door dit leren te rapporteren. Hij begreep het aanvankelijk niet, of zelfs in het midden, en heeft waarschijnlijk tot het eind toe delen mogelijk verkeerd begrepen. Ondertussen verwarde hij zijn lezers, en waarschijnlijk ook zichzelf, met zijn persoonlijke leven en bezigheden. Maar alles is er in de boeken. Het moet gewoon worden gedistilleerd in een kritische literaire review.

***

Ik heb eens een bijna-ontmoeting met Castaneda gehad. Op een koude late avond in Philadelphia in 1969 of 1970 liep ik met een paar vrienden langs een collegezaal op mijn universiteit. Iemand zei: "Carlos Castaneda zit daar een praatje te geven. Het moet nu bijna voorbij zijn". Ik had een vaag idee wie hij was. Ik had enkele recensies van zijn eerste boek gelezen en herinnerde me dat het iets te maken had met peyote-eten en de ontdekking van een authentieke, levende Mexicaanse tovenaar. Naar verluidt verkleedde Castaneda zich als een zakenman, in pak en stropdas, toen hij toespraken hield over psychedelica en spiritualiteit, wat een rariteit was. Het was echter al te laat, dus liep ik terug naar mijn kamer en ging door met studeren.

Het duurde tot 1973, het jaar nadat ik afstudeerde, dat ik eindelijk ertoe kwam om Castaneda te lezen. Ik begon met 'A Separate Reality', zijn tweede boek, en toen in 1975 las ik het vierde boek, 'Tales of Power'. Tegen het einde van dat boek, zei Castaneda dat hij van een klif van tweehonderd meter hoog sprong. Hij meldde dat hij dit in 1973 deed, aan het einde van zijn 13-jarige stage met een geweldige tovenaar genaamd don Juan, in Mexico.

Het leek me dat het verhaal ging over hallucinogene drugs, een andere in een lange rij boeken waarin de door drugs geïnspireerde wijsheid in die tijd werd verheerlijkt. Er was geen verslag over wat er na de sprong gebeurde, maar de schrijver overleefde het duidelijk om meer boeken te schrijven.

In de loop van de volgende 25 jaar volgde ik hem terwijl hij boek na boek uitbracht. Kritische reacties op Castaneda, de man en zijn werk waren overal te vinden; hij werd zeer geprezen en sterk veroordeeld. Sommigen zeiden dat zijn schrijven tot de belangrijkste werken hoorden die ooit in de geschiedenis van de antropologie waren gepubliceerd, omdat hij informatie van neolithische geloofsovertuigingen van een voorgeletterde beschaving rechtstreeks van een overlevende uit die tijd kreeg. Anderen zeiden dat het een hoax was, fictie, en dat er geen tovenaar genaamd don Juan was; Castaneda heeft het allemaal verzonnen. Het was niet eens goede fictie. Sommigen zeiden; zowel het verhaal als de chronologie waren tegenstrijdig. Het was zeker geen wetenschap, ondersteund door veldnotities en kruisverwijzingen. Velen dachten dat de University of

California, Los Angeles (UCLA) het verkeerd had om hem te doctoreren.

Meer geintrigeerd door de controverse dan geïrriteerd, besloot ik de kritieke kwesties en verwarrende biografische anekdotes te negeren, en gewoon te genieten van de vreemde urgentie van Castaneda's vertellingen van zijn avonturen in boek na boek. Tegen de jaren 80 wachtte ik gretig op elke nieuwe uitgave.

Het waren niet alleen de verhalen en de shenanigans met de oude sjamaan, of de constante onderliggende controverse over de auteur. Feit of fictie, er was altijd het gevoel dat er een deur of raam naar een andere wereld openging, waardoor onverwachte, opwindende en angstaanjagende dingen werden onthuld die een vreemde geloofwaardigheid hadden, en dreigden te springen door het luik in onze wereld. Tot mijn teleurstelling werden intervallen tussen de boeken langer. Terwijl zijn eerste vijf boeken in minder dan tien jaar werden gepubliceerd, duurde het 20 jaar voordat de volgende zes zouden verschijnen.

De eerste vier boeken van Castaneda vertelden over zijn avonturen als een tovenaarsleerling, zwervend door zijn woestijnen, bergen, plaatsen, en steden in Midden- en Noord-Mexico met zijn tovenaarsleraren. Zijn volgende vier boeken vertelden over zijn worsteling te begrijpen wat hij geleerd had nadat zijn leraren waren vertrokken.

Toen, in 1993, kwam er een nieuw soort Castanedaboek tevoorschijn, 'The Art of Dreaming'. Het had vreemde en disharmonische elementen, waaronder een toonverandering, die leek aan te geven dat een ghostwriter erbij betrokken was. (Geen woordspeling bedoeld.)

De avonturen waren nog vreemder, met een paar ongelofelijke plotwendingen.

Castaneda introduceerde abrupt verschillende nieuwe personages. Ze waren blijkbaar tijdgenoten van UCLA. Drie vrouwen materialiseerden zich met terugwerkende kracht in de Mexicaanse woestijn met belangrijke rollen in het verhaal. Twee van hen hadden hun eigen boeken geschreven, parallel aan het werk van Castaneda. Hun gelijknamige hoofdpersonages ontmoetten en werkten samen met Castaneda en zijn inmiddels legendarische personages. De lezer moest deze nieuwe auteurs accepteren als gelijken naast Castaneda en de oorspronkelijke groep tovenaars en leerlingen.

In 1998 en 1999, vijf jaar later, verschenen twee definitieve boeken. Eén was weer een nieuw soort werk, met een verzameling oefeningen, 'Magical Passes', die vermoedelijk ook voortkwamen uit de oude Mexicaanse sjamanistische traditie. Castaneda was verhuisd naar Los Angeles, in de 'echte' wereld, en was geen leerling meer. Nu was hij een leider. Zijn volgelingen, soms 'discipelen' genoemd, werden geleid door de drie vrouwen die eerder abrupt in het verhaal waren opgenomen.

Castaneda was naar verluidt oud en ziek, terwijl hij omringd was door intriges onder zijn volgelingen over wie er was, wie er buiten was, die hoog in de hiërarchie was en die gewoon een aanhanger was. Er was een onuitgesproken bezorgdheid over wie zijn onderneming zou erven die vele miljoenen boeken in verschillende talen had verkocht (en blijft doen). Enkele maanden later las ik dat Carlos Castaneda in het geheim stierf terwijl de drie vrouwen, zijn nieuwe co-tovenaars, op mysterieuze wijze verdwenen.

Een ander boek, '*The Active Side of Infinity*', werd het volgende jaar in 1999 gepubliceerd. Het werd het laatste boek dat hij schreef. Het las als een nostalgische en zelfgenoegzame hervertelling van gebeurtenissen uit het vroege leven van Castaneda. Hij groeide, naar verluidt, met zijn rancher grootvader op ergens in Zuid-Amerika, een met avontuur gevulde jeugd die Huck Finn's te schande zette. Dit boek gaf de indruk dat het ook in het begin was gecomponeerd met een helper, met een vrouwenstem. Maar naarmate het verhaal een momentum opbouwde, nam de oude auteur het over. Castaneda leverde verschillende afsluitende fabels die de belangrijkste uitdagingen die we tegenkwamen in zijn bizarre, maar fascinerende geschriften, samenvatten. Hoe kwam hij met dit epische verhaal? En wat moeten we ermee doen?

In zijn laatste hoofdstukken die ooit zijn geschreven, introduceerde Castaneda een dramatische, nieuwe en ongelooflijke acteur in zijn filosofie. De 'flyers' zijn wezens uit de onbekende diepten van het universum die ongezien leven met ons op aarde. Er zijn er miljoenen, die lijken op gigantische, primitieve 'modderschaduwen' die voortdurend rondvliegen en springen. Hun voortdurende boosaardige aanwezigheid terroriseert ons. Telkens wanneer ons bewustzijn naar een hoger niveau probeert te komen, smoren ze ons, consumeren ons opkomende bewustzijn, wat hun voedsel is. De 'flyers' beroven ons van ons menselijke geboorterecht, magie. Ze reduceren ons tot onze onbeduidende, machteloze en in zichzelf opgenomen staat.

Het is een onverwachte en schokkende ontwikkeling in de laatste hoofdstukken van zijn laatste boek. Maar een levendige beschrijving van de 'flyer' verscheen in het eerste boek zonder identificatie of verklaring. Om het 30 jaar later opnieuw te laten verschijnen, helemaal aan het einde, deze keer met een volledige inleiding en verklaring, bond onverwacht en provocerend de filosofie van Castaneda in een consistent geheel.

Na de introductie van de 'flyer' had hij nog een verrassing. Castaneda schreef vele verhalen en herinneringen over 30 jaar. Allen werden zorgvuldig samengesteld en geplaatst om specifieke punten te onderwijzen. Na 12 boeken die beweerden een authentieke geschiedenis te zijn van geleefde gebeurtenissen en aan het einde van zijn leven, sloot Castaneda zijn lange schrijverscarrière af met het verhaal van Antoine.

Antoine was een weeskind, geadopteerd door de grootmoeder van Castaneda op advies van een tovenaar. Vlak voor haar dood heeft ze haar hele vermogen aan hem overgedragen. Hij charmeerde de oude dame met gedichten, liederen en zijn verblindende persoonlijkheid. Vlak voordat hij voor de laatste keer bij haar en de onteigende familieleden vertrok, reciteerde hij een prachtig, origineel gedicht, met grootse drama en romantiek. Grootmoeder luisterde, zuchtte diep, bedankte hem uitbundig en zei toen:

'Geplagieerd, Antoine?'
'Natuurlijk, moeder,' zei hij. 'Natuurlijk.'

* * *

Wat betekent Castaneda voor ons als schrijver, als denker en als persoon? Hopelijk stimuleert dit boek de nieuwsgierigheid naar deze vraag. Mijn analyse is niet biografisch. Ik heb het leven van Castaneda niet onderzocht, en ik heb geprobeerd te verwijzen naar iets dat verder gaat dan wat er in de 12 boeken staat die hij schreef.

New Age-zoekers, informele lezers en sceptische tegenstanders lezen over het algemeen delen van zijn werk tot het vierde of vijfde boek en verlaten het vervolgens, verontwaardigd of verward. Meer intense volgelingen gingen door tot het einde van het hele opus, met zijn 12 boeken en meer dan een miljoen woorden, toen alles abrupt stopte. Castaneda stierf, en zijn naaste medewerkers verdwenen allemaal samen. Velen voelden dat hij, bijna minachtend, geen geloofwaardige verklaring of plausibele manier had achtergelaten om positief over hem te blijven denken. Zou het waar kunnen zijn dat Castaneda zichzelf 30 jaar lang opzettelijk verkeerd heeft voorgesteld, en zo veel andere mensen zo lang in zijn valse verhaal heeft gesleept? En met welk doel?

Op dit moment kan het redelijk zijn om te zeggen dat er onder zowel volgelingen als tegenstanders vermoeidheid heerst over de naam Castaneda. Weinig lezers willen nu meteen aan hem denken. Velen willen hem wurgen, zoals dona Soledad deed.

Ik vermoed dat het onmogelijk is Castaneda's werk te begrijpen door zijn biografische leven te onderzoeken, door de gegevens te controleren en mensen te interviewen die hem kenden of volgden. Maar sommigen van ons kunnen ook niet zomaar van hem weglopen. Ongeacht of wat hij schreef fictie of autobiografie was, niemand vóór hem bereikte ooit de wereld die hij verkende en bracht hem naar voren zoals hij was. Hij maakte een bewustzijn van een deel van ons verleden wakker waaraan nog niet veel werd gedacht. Zijn denken valt ook provocerend samen met moderne concepten in de natuurkunde en de kosmologie.

Het lezen van Castaneda heeft de neiging om te kiezen tussen twee reacties: het volledig omarmen, zelfs tot het punt van cultusachtige aanbidding, of regelrechte afwijzing. Er is nog een derde optie.

We kunnen hem nemen op zijn literaire woord. In de loop van zijn 30-jarige avontuur zei hij dat hij zijn stage niet afmaakte. Hij kwam op zijn hoogst als een tovenaar die van avonturen in het onbekende hield, in tegenstelling tot een ziener die vrijheid zocht. En het verhaal over Antoine, en de plaatsing ervan aan het einde van zowel het laatste boek als het leven van Castaneda, doet sterk vermoeden dat hij ons wilde vertellen dat hij zichzelf als een plagiaat beoordeelde. Als we dat beschouwen als zijn doodsbed onthulling en van daaruit beginnen, kunnen we de waarde van zijn werk beter begrijpen en beginnen erachter te komen hoe en waarom de verhalen van Carlos Castaneda gebeurden op die manier.

Plagiaat, nauw bekeken, betekent het letterlijk en figuurlijk kopiëren van andermans werk, en het aan zichzelf toeschrijven. Breder beschouwd, zou het kunnen betekenen dat we de hoofdlijnen en de betekenis van het ware of fictieve verhaal van iemand anders toeëigenen en dat we onszelf in het verhaal voegen.

Op deze manier bekeken, zou Castaneda's werk afkomstig kunnen zijn van een voorheen onbekend manuscript. Het kan afkomstig zijn van de orale weergave van een originele bron. Of het nu manuscript of mondelinge vertolking was, het zou het product kunnen zijn van een orale traditie die zich over generaties en eeuwen heen uitstrekt.

De werken van Homerus waren niet origineel; ze waren niet samengesteld door een man genaamd Homerus. Het waren de laatste geschreven versies van een eeuwenoude mondelinge traditie - verhalen die vóór het schrijven werden gecomponeerd, werden honderden jaren lang gekomponeerd en overgedragen van verhalenverteller naar verhalenverteller. Elke generatie verhalenvertellers leerde geheugentechnieken die hen in staat stelden de integriteit van het werk te bewaren, en de essentie te communiceren dat er ooit een ras was van geweldige mannen en vrouwen die heroïsche avonturen beleefden.

Voordat het schrift wijd werd toegepast, kon de geschiedenis over generaties worden bewaard zonder ooit te worden opgeschreven. Zodra het schrijven werd gebruikt, verdween dat soort epische vaardigheid om te onthouden. We weten niet wat er werkelijk is gebeurd op de vlakten van Troje, maar de 300 jaar later geschreven versie is een belangrijk onderdeel van de westerse beschaving. Verhalen vertellen is misschien wel de hoogste vorm van tovenarij.

Overweeg het recente werk van Patrick O'Brian, die talloze dagboeken, scheepslogboeken en maritieme documenten uit het begin van de 19e eeuw verzamelde en bestudeerde. Hij schreef een serie romans met verzonnen personages en ingebeelde evenementen, vermengd met historische personages en gebeurtenissen. Het resultaat, de zeer gerespecteerde serie van 20 "Aubrey-Maturin"-romans, hoewel duidelijk fictie, drukt waarheid uit die onmogelijk over te brengen is met behulp van de juiste historische criteria en traditionele literaire normen.

Misschien wilde Castaneda zoiets doen. Hij wilde de

oude kennis overzettten waarmee hij had kennisgemaakt in de context van zijn eigen moderne verhaal. De oude traditie waarnaar hij verwijst is zelfs verder verloren in de tijd, dan het verhaal van Troje was voor de Griekse verhalenvertellers. Het is onmogelijk om te zeggen of helden als Achilles en Hector echt leefden. Het is ook onmogelijk om de verhalen te bevestigen die Castaneda vertelt over Don Juan en de grote tovenaars uit het oude Mexico, of de verhalen van zijn hedendaagse cohorten. Hoewel ze misschien wel of niet waar zijn, kan een groot verhalenverteller belangrijke historische en religieuze waarheden overbrengen die verhalen vertellen.

Het is niet eenvoudig om de oude religie die Castaneda in zijn boeken beschrijft duidelijk te definiëren of zelfs te benoemen. Tegen de tijd dat onze huidige grote religies begonnen, was het al lang voorbij. Maar thema's ervan weerklinken vandaag nog steeds op veel plaatsen. Het is de religie waarvan de laatste overblijfselen van gelovigen en beoefenaars nog maar enkele eeuwen geleden werden opgezocht en vernietigd door de inquisitie van het christendom.

Geloof in deze zelfde traditie van magie en hekserij, hoewel officieel nu bijna overal verboden, is nog steeds aanwezig in bijna alle niet-stedelijke gebieden in de wereld. Onlangs, in Indonesië waar ik woon, werd mijn zes weken oude zoon, Alex, schreeuwend wakker. We hebben hem uit zijn nachtmerrie gekalmeerd - het duurde een paar minuten voordat hij ophield met wapenstilstand met zijn armen. Later legde mijn Javaanse schoonmoeder kalm uit dat Alex door zijn beschermgeest 'geknepen' was. Ze had erop aangedrongen dat we het zouden eren door de placenta bij onze voorpoort te begraven. Ze zegt dat wanneer baby's lijken te lachen of lachen om een privé-grap, en wanneer ze constant over je hoofd staren in plaats van naar je te kijken, ze kijken naar en reageren op gebaren van deze geest.

In onze populaire cultuur zijn nieuwe epische legendes van magie overvloedig aanwezig in boeken en films. Sommige worden geplaatst in een ingebeelde Europese stad of middenaarde; sommigen in een sterrenstelsel ver, ver weg. Met hun dimensionale reikwijdte, ingewikkelde verhaallijnen en voorbeeldige helden en slechteriken, vermaken deze moderne heldendichten ons door de zintuigen van ons oude erfgoed, onzichtbare bevoegdheden en toekomstige mogelijkheden te kietelen.

Castaneda zegt dat we een krachtige nostalgie hebben naar een lang vervlogen menselijk tijdperk - een tijdperk van magie en tovenarij dat veel langer duurde dan onze huidige rationalistische periode. De mensheid bestaat mogelijk al meer dan een miljoen jaar op aarde; onze huidige religies verschenen slechts twee tot vijfduizend jaar geleden. De tijd van de rede begon pas 200 jaar geleden. De rede heeft de oude overtuigingen ontkend en begraven, maar ze vormen een groot deel van ons erfgoed. Ons rationele bewustzijn is slechts het topje van onze ijsberg. We verlangen naar de rest van onszelf en naar dat verloren tijdperk. Er zijn dingen die we daar achter lieten die de moeite waard zijn om opnieuw te ontdekken.

Voor het grootste deel proberen moderne mythen die onze boekwinkels en bioscopen domineren niet uit te leggen hoe hun magie mogelijk zou zijn. Ze maken zich geen zorgen om metafysica; ze gebruiken alleen magische woorden of toverstokken. Castaneda werkte hard om uit te leggen hoe en waarom de magie van Don Juan werkte. Hij beschreef, tot in de kleinste details, een heel universum waar magie mogelijk is. Hij vertelde ons hoe het vroeger was en zou kunnen zijn, en daagde ons uit het te bewijzen of te weerleggen.

3

KRACHTPLANTEN

In de zomer van 1960, toen ik student antropologie was aan de UCLA, maakte ik verschillende reizen naar het zuidwesten om informatie te verzamelen over de geneeskrachtige planten die door de indianen in het gebied werden gebruikt. De gebeurtenissen die ik hier beschrijf, begonnen tijdens een van mijn reizen.'

DEZE GEDENKWAARDIGE OPENINGSREGELS VAN ZIJN EERSTE BOEK, *The Teachings of Don Juan: A Yaqui Way of Knowledge*, gepubliceerd in 1968, beschrijven het begin van Castaneda's opmerkelijke 38-jarige reis die uiteindelijk resulteerde in internationale faam en schande, samen met nog eens tien zeer populaire en controversiële boeken.

Voor velen van ons in Amerika was 1968 het ultieme jaar van de jaren zestig. Veel van de tumultueuze sociale bewegingen van dat decennium leken dat jaar een hoogtepunt te bereiken: President Johnson trok zich terug uit de politiek; burgerrechtenleider Martin Luther King en Senator Robert Kennedy werden vermoord; Richard Nixon werd tot president verkozen. Het was het slechtste jaar van de Vietnamoorlog, met gemiddeld meer dan 1400 gesneuvelde Amerikanen per maand. Hippies protesteerden. Op kerstavond gingen mannen voor het eerst naar de maan en zouden de volgende zomer op de maan landen.

Tijdens dit turbulente jaar verscheen Carlos Castaneda onverwachts op het toneel. 'De leer van Don Juan' werd gepubliceerd en vertelde het verhaal van een UCLA afstudeerder die vijf jaar stage liep bij een Indiase tovenaar in Mexico. Het idee dat dit gebeurde in dezelfde periode als de maanlandingen knalde eruit in de media. Fragmenten van recensies en notities op de achterbladen van opeenvolgende paperbacks beschrijven het als 'een reis naar het hart van magie met Carlos Castaneda'. Een opmerking van The New York Times zei: 'Het is onmogelijk het belang van wat Castaneda heeft gedaan te overdrijven'.

In de dankbetuigingen van het boek werden zes professoren van de UCLA genoemd en bedankt voor hun inspiratie, hulp en kritiek. Een andere professor van UCLA schreef het voorwoord en prees dat het boek inging op de centrale kwestie van de antropologie: het betreden van andere perceptuele werelden om te begrijpen 'dat onze eigen wereld ook een culturele constructie is'.

* * * * *

Castaneda introduceerde bij zijn lezers onmiddellijk een van de meest onvergetelijke personages in wat begon te worden genoemd Amerikaanse "new-age" literatuur: de ontzagwekkende tovenaar Juan Matus, eenvoudigweg aangeduid als don Juan. Castaneda beschreef de kennismaking met don Juan Matus op een busstation in 1960 in New Mexico, nadat hij door een wederzijdse kennis aan hem was geïntroduceerd.

Juan Matus bagatelliseerde altijd het belang van zijn persoonlijke achtergrond en biografische details, maar we ontdekten dat hij in 1891 in het zuidwesten van de VS was geboren. Zijn beide ouders waren Yaqui-indianen. De Yaqui, oorspronkelijk afkomstig uit Sonora, Mexico, werden vervolgd en onderdrukt, bijna tot het punt van uitroeiing in de 19e eeuw tijdens het verzet tegen de Spaanse overheersing en de campagnes voor Mexicaanse nationale vereniging. Deze strijd dwong veel Yaqui om heen en weer te gaan tussen Noord-Mexico en Arizona. Matus zegt dat de Yaqui grof werden behandeld door zowel de Amerikaanse en Mexicaanse regeringen, als door andere inheemse groepen en 'Yoris' (mixed-race Mexicanen) in het algemeen.

Volgens Castaneda werden de Yaqui, die al in aantallen en politieke macht waren verminderd, aan het begin van de 20e eeuw opnieuw met geweld uit hun vaderland verdreven door de Mexicaanse regering, en gedwongen om te migreren naar Zuid-Mexico. Juan Matus werd bij deze exodus betrokken en verloor als jong kind beide ouders, die stierven tijdens de gedwongen migratie. Uiteindelijk werkte hij in Midden-Mexico als plantagearbeider, totdat zijn pad kruiste met Julian Osorio, een voormalige acteur die tovenaar werd, en die Matus in zijn tovenarijgroep betrok.

Omdat Matus Yaqui was en Castaneda voornamelijk met hem omging in de Sonorawoestijn, hun thuisland, deed hij moeite om te begrijpen hoe de Yaqui-cultuur en geschiedenis de leer van Don Juan vormden, en gaf zelfs zijn eerste boek de ondertitel 'A Yaqui Way of Knowledge'. De praktijken en lessen van Matus kwamen echter niet uit een Yaqui-erfgoed, maar uit centraal Mexico. Veel van de belangrijkste spelers in zijn leven en zijn verhalen waren Yaqui, maar velen waren ook van andere Mexicaanse en Latijns-Amerikaanse groepen, en sommigen waren Europeanen. Castaneda zelf was een Amerikaans staatsburger, oorspronkelijk uit Peru of Argentinië.

Tegen de tijd dat Matus Castaneda tegen het lijf liep, bijna 50 jaar later, werd hij 70. Zijn kleinzoon Lucio, die, net als de meeste Yaqui, de praktijken van tovenarij en peyote afkeurde, legde uit dat zijn grootvader 'uithing' met een krachtige groep tovenaars, maar werd toen een kluizenaar en geobsedeerd door peyote en esoterische kennis. Maar Lucio was er trots op dat zijn grootvader, op hoge leeftijd, nog steeds even lenig en sterk was als een jonge man, en dat het onmogelijk was hem te besluipen en te verrassen.

* * * * *

Castaneda vertelde het verhaal van zijn eerste ontmoeting met don Juan in het busstation verschillende keren in zijn latere boeken. Telkens voegde hij meer details en diepte toe. In zijn eerste boek beschreef hij hun ontmoeting in slechts drie paragrafen. Castaneda zei dat hij doelloos sprak, zich voordeed als een onderzoeker die wist van de lokale flora en fauna en de cultuur van de inheemse Amerikanen in het gebied. Matus zat stil en fixeerde hem met een onvergetelijke blik, schijnbaar niet onder de indruk. Toen stond de oude man abrupt op en stapte in een bus, hoewel hij wel aanbood om elkaar weer te ontmoeten.

In zijn boek uit 1971, 'A Separate Reality', gebruikte hij drie pagina's voor hetzelfde verhaal. Hij vertelde hoe hij en zijn gids, Bill, verschillende keren naar een man hadden gekeken die Bill beschreven had als een excentrieke handelaar in medicinale kruiden, voordat hij hem zonder opzet op het busstation tegenkwam. Deze keer herinnerde Castaneda zich dat de ogen van Matus 'met een eigen licht' schenen en dat hij zijn blik moest ontwijken.

In zijn laatste boek, 'The Active Side of Infinity', wijdde hij er 38 jaar na hun eerste ontmoeting twee hoofdstukken aan. Hij beschreef zijn en Bill's veelbewogen zoektocht naar Juan Matus, die door de woestijn reed en Bill's verhalen hoorde over zijn levenslange belangstelling en associatie met de inheemse groepen in het gebied. Castaneda realiseerde zich dat Bill aan het eind van zijn leven was en dat hij zijn laatste bezoeken aflegde om afscheid te nemen van oude vrienden. Castaneda herinnerde zich dat hij abrupt tegen Don Juan aanliep, en aan het babbelen en handelen was alsof hij niet bij machte was. Hij zei dat Don Juan hem op een of andere manier met zijn ogen verlamde, om hem te laten stoppen met praten en zelfs denken. Een bus verscheen schijnbaar uit het niets, en de oude man overbrugde op mysterieuze wijze de 50 meter naar de deur van de bus in een paar moeiteloze sprongen.

In deze laatste hervertelling ging Castaneda naar Yuma, Arizona, op aandringen van Bill, waar hij informatie kreeg over waar hij de oude man weer kon vinden. Hij wijdde een volledig extra hoofdstuk aan dat lange verhaal en vertelt over zijn volgende reis naar Mexico, toen hij twee lokale 'flessentrekkers' in dienst moest nemen, Jorge Campos en Lucas Coronado, om hem te helpen de oude tovenaar te vinden. Deze inspanning duurde het grootste deel van een jaar, meerdere reizen naar Mexico en enkele kleine en grote omkoperijen die allemaal op niets uitliepen. Op dat moment, als bij toeval, vonden ze de zoon van Matus en vervolgens Matus zelf.

Nadat hij eindelijk Juan Matus had gevonden, bracht Castaneda van 1961 tot 1965 vijf jaar door met reizen tussen Los Angeles en Mexico. Hij wijdde zich aan het schrijven van notities en alles te leren wat hij kon, in de hoop op het behalen van zowel literaire roem als zijn doctoraat aan de UCLA. Zijn relatie met de oude man veranderde geleidelijk van student tot novice. In plaats van simpelweg te rapporteren over de oude tovenaar en zijn kennis van planten, sloot hij zich aan bij Don Juan en zijn cohorten terwijl ze de planten aten of rookten. Dit ging zo door tot 1965, toen Castaneda bang en verward raakte over zijn ervaringen met de 'krachtplanten' van Don Juan en zich terugtrok uit de het noviciaat. Hij keerde terug naar Los Angeles, vervolgde zijn studie en schreef zijn eerste boek, het compileren daarvan, gebruikmakend van zijn veldnotities en herinneringen, duurde drie jaar.

* * * * *

De lessen van Don Juan beschrijven Castaneda's ervaringen met drie soorten natuurlijke hallucinogene planten gevonden in de woestijnen van Mexico: peyote, datura en paddenstoelen. Don Juan noemde ze 'krachtplanten'. Autochtone Amerikanen kenden deze planten al duizenden jaren en gebruikten ze voor medicinale en religieuze doeleinden. Uitgebreide rituelen voor het verzamelen, cultiveren en voorbereiden waren ontwikkeld en doorgegeven.

Het planten, oogsten, voorbereiden en consumeren van elke plant omvatte verschillende gedetailleerde procedures en een zorgvuldige planning over meerdere jaren. Veel lezers in de jaren zestig en later waren enthousiast om te horen dat deze 'krachtplanten' waren gecultiveerd en gebruikt als onderdeel van een oude, inheemse Amerikaanse cultuur. Volgens Castaneda waren er nog steeds tovenaars die dit leven leefden in de woestijnen van het zuidwesten van de VS en Mexico.

Peyote verzamelde met Matus, en wandelen naar afgelegen locaties in de Mexicaanse woestijnen om onverstoorde planten te vinden nam een aantal dagen in beslag. De bovenste delen van de plant werden op rituele wijze geoogst met een speciaal mes. Het behandelen van de schade aan de plant was belangrijk. Castaneda werd bijgebracht, dat om de speciale kwaliteiten van de plant te maximaliseren en om zijn eigen veiligheid als deelnemer te waarborgen, hij de plant met het grootste respect moest behandelen.

Het gebruik van peyote betekende het eten van het materiaal van de plant, hetzij in privé sessies onder supervisie van Matus, of tijdens een nachtelijke wake met een groep andere deelnemers. Castaneda reed uren achterin de laadbak van pick-up trucks over rotsige wegen naar afgelegen berglocaties en deed toen mee met peyote-etende ceremonies, 'mitotes' genaamd, waarbij groepen Mexicanen in een cirkel zaten te zingen.

In een van de mitotes kwam een lokale hond bij het ritueel. Een geïnspireerde Castaneda zag de hond als een iriserend, transparant wezen. Hij rende en speelde ermee. Hij kon de gedachten van het wezen lezen en wist dat het wonderlijke schepsel ook de zijne las. De volgende dag zei de verbijsterde eigenaar dat hij Castaneda zag worstelen met zijn hond en dat het dier op hem urineerde.

In de jaren zestig beschouwden de meeste Mexicanen zichzelf als verfijnd en modern, en vonden ze het kwalijk dat ze door hun bezoekers uit het noorden als primitief werden beschouwd. De meesten van hen hadden zich gekeerd tegen de oude tradities waar de peyote cultuur vandaan kwam. Niettemin probeerde Matus zijn tienerkleinzoon, Lucio, te overtuigen serieus te worden over zijn leven, door peyote in te nemen onder leiding van zijn grootvader. Lucio walgde en schaamde zich aanvankelijk voor het idee, maar gaf uiteindelijk toe en bood aan het te doen als de Amerikaanse bezoeker (Castaneda) hem een motorfiets zou kopen. Matus en Castaneda brachten de peyote, maar een groep vrienden arriveerde ook met tequila en een platenspeler. De moderniteit heerste: ze luisterden naar luide muziek en dronken alcohol.

De uitkomst van een peyote-etend ritueel, gericht op het hebben van een ontmoeting met een antropomorfe figuur genaamd Mescalito. Het was belangrijk om Mescalito met de juiste instelling te benaderen. Als Mescalito een smeker accepteerde, zou hij hem de juiste manier van leven laten zien. Hij 'toont dingen en vertelt wat wat is'.

Mescalito was speels in plaats van angstaanjagend en bedreigend voor Castaneda. Matus zei dat hij Mescalito nog nooit eerder met iemand had zien spelen, en beschouwde dat als een bevel voor Matus om Castaneda als zijn leerling aan te nemen en hem alles te leren wat hij wist, om zijn kennis door te geven.

* * * * *

De tweede 'krachtplant', datura, ook wel 'Duivelskruid' genoemd, moest persoonlijk worden geplant en gecultiveerd. In tegenstelling tot peyote, dat een leermeester is, was het Duivelskruid puur een bron van kracht. Als het niet zorgvuldig en juist gebruikt wordt, kan de gebruiker ervan gestoord worden of gewond raken.

Castaneda moest zijn eigen datura bos aanplanten en ervoor zorg dragen, wat zich op een geheime locatie over meerdere jaren afspeelde. Eenmaal gerijpt, werd de plant uit de grond gehaald, en de stengel, wortels, bladeren, bloemen en zaden gescheiden. Al deze klaargemaakte ingrediënten werden nog een jaar op rituele wijze bewaard voordat ze konden worden gebruikt.

De wortels bevatten de grote kracht van de plant. Een extract gemaakt van de wortel werd bij herhaalde gelegenheden gedronken totdat de kracht werd getemperd. Het temperen van de macht kwalificeerde een man om het aan anderen voor te schrijven, om hen een tijdelijke boost van viriliteit te geven voor hun persoonlijke zoektochten, of voor hun leven en relaties. De stengel en bladeren kunnen worden voorgeschreven om ziekten te genezen; de bloemen kunnen worden gebruikt om macht over mensen te krijgen of te beïnvloeden.

Verdere voorbereiding van het Duivelskruid omvatte het mengen van het plantenmateriaal met insecten, kevers en een paar druppels bloed, en het brouwsel te koken tot extracten. Datura had een aantal vreemde gebruiken, zoals een pasta die kon worden gemaakt om op de ogen van hagedissen te wrijven, waardoor ze als spionnen en boodschappers konden dienen.

Deze plant had een affiniteit met mannen en vrouwen met een sterk en gewelddadig karakter, waardoor ze nog meer kracht kregen. Matus maakte zich zorgen dat Castaneda te veel van het Duivelskruid genoot. Matus zelf had al lang besloten dat hij het effect niet prettig vond.

'Het kruid is niet meer nodig. In andere tijden, zoals mijn weldoener me vertelde, was er reden om macht te zoeken. Mannen voerden fenomenale daden uit, werden bewonderd om hun kracht en gevreesd en gerespecteerd vanwege hun kennis. Mijn weldoener vertelde me verhalen van werkelijk fenomenale daden die lang, lang geleden werden uitgevoerd. Maar nu zoeken wij, de Indianen, die kracht niet meer. Tegenwoordig gebruiken de Indianen het kruid om zichzelf in te wrijven, om hun steenpuisten te genezen... Het was anders toen er mensen in de wereld waren, mensen die wisten dat een man een bergleeuw of een vogel kon worden, of dat een man eenvoudig kon vliegen. Dus ik gebruik het Duivelskruid niet meer. Waarom zou ik? Om de Indianen bang te maken?'

* * * * *

Matus leerde Castaneda over de derde 'krachtplant', een paddenstoel die werd gebruikt om een rookmengeling te maken die hij 'rook van helderzienden' noemde. Volgens Matus is de rook het meest complete en het meest prachtige hulpmiddel dat een mens zou kunnen hebben, maar ook het gevaarlijkste. De gemoedstoestand van de gebruiker voor, tijdens en na het gebruik van de rook is cruciaal; het kost een leven lang om bedreven te worden in het gebruik.

Het voorbereiden van een kleine hoeveelheid van het mengsel als een aspirant betrof het oogsten van een soort van kleine paddenstoeltjes, en deze moesten vervolgens een jaar lang bewaard worden in een kalebas. Andere ingrediënten werden ook gedurende dezelfde tijd gedroogd, vervolgens gepureerd met de paddenstoelen, en gerookt in een pijp die generaties lang van sjamaan tot sjamaan was overgeleverd. Precieze rituelen waren niet zo cruciaal bij het gebruik van de rook; het waren de gemoedstoestand van de gebruiker en zijn bedoeling die van het grootste belang waren.

'Het geeft je de vrijheid om alles te zien wat je wilt zien. Met andere woorden, het is een ongeëvenaarde bondgenoot. Maar degene die het wil hebben, moet onberispelijke opzet en wilskracht hebben. Hij heeft ze nodig omdat hij het plan en de wil moet hebben om terug te keren, anders zal de rook hem de terugkomst belemmeren. Ten tweede moet hij van plan zijn zich alles te herinneren wat de rook hem heeft laten zien, anders zal het niets meer zijn dan een mist in zijn gedachten.'

* * * * *

Een cumulatief spervuur van beangstigende psychedelische ervaringen eiste een tol van Castaneda. In één sessie met de rook verloor hij het gevoel een fysiek lichaam te hebben en ondervond hij dat hij door muren en meubels liep. Een dag later, nuchter na het slapen, was hij in de war en vroeg Matus naar de realiteit van zijn ervaring. Hij wilde dat don Juan hem verzekerde dat zijn rook geïnduceerde ervaringen slechts hallucinaties waren, bedoeld voor onderwijsdoeleinden, maar niet echt en duurzaam.

Matus hield vol dat alles echt was en benadrukte de

ernst van het gebruik van de 'krachtplanten', die geen hallucinaties veroorzaakten, maar gewoon onthulde wat er was. Zoekend naar macht met 'krachtplanten' zou het leven van de gebruiker moeten veranderen. Castaneda zou een aantal van zijn ervaringen niet hebben overleefd zonder de deskundige supervisie en bescherming van Matus.

Tijdens Castaneda's laatste peyote-sessie verscheen Mescalito opnieuw en bood aan om een belangrijke vraag van Castaneda over zijn leven te beantwoorden. Castaneda vroeg aan Mescalito 'wat er aan de hand was' over zijn leven.

Het volgende dat hij gewaarwerd, was dat hij afgescheiden was van de groep, alleen in de woestijn. Een nacht van angst volgde, met Castaneda gehurkt achter een rots, schuilend voor een monsterlijke achtervolger:

'De geluiden werden gigantische stappen. Iets enorms ademde en cirkelde om me heen. Ik was ervan overtuigd dat het op mij jaagde. Ik rende en verstopte me onder een rots en probeerde van daaruit in de gaten te krijgen wat me achtervolgde. Op een gegeven moment kroop ik uit mijn schuilplaats om te kijken, en wat mij achtervolgde kwam op me af. Het leek op zeewier. Het wierp zich op mij. Ik dacht dat het gewicht me zou verpletteren, maar ik merkte dat ik in een soort van pijp of holte zat... Ik zag enorme druppels vloeistof uit het wier vallen. Ik "wist" dat het spijsverteringszuur afscheidde om me te ontbinden.'

Deze eerste visie op de 'flyer' werd hier geplaatst als antwoord op Castaneda's vraag waarom zijn leven 'niet klopte'. Het bleef onverklaard en zou niet worden herhaald en uitgelegd tot 30 jaar later, toen de 'flyer' weer verscheen tegen het einde van het laatste boek van Castaneda.

Castaneda trok zich terug uit zijn leertijd bij Matus voordat hij zijn leerproces in 1965 afrondde. Na al zijn ervaringen, vreesde hij dat hij onherroepelijk zijn verstand aan het verliezen was, en zijn vermogen om in de normale wereld te functioneren.

Hij keerde terug naar UCLA en nam drie jaar de tijd om te herstellen en zijn boek te schrijven, inclusief een 'structurele analyse' van zijn ervaring, geschreven in ondragelijk academisch jargon. Later zou hij zich herinneren: "Ik begon de zekerheid te verliezen die we allemaal hebben, dat de realiteit van het dagelijks leven iets is dat we als vanzelfsprekend kunnen beschouwen."

* * * * *

In de totaliteit van Castaneda's geschriften hebben zijn eerste ervaringen met het gebruik van 'krachtplanten' weinig belang. Als lid van het zestiger jaren cohort deed Castaneda aanvankelijk zijn best om zich te concentreren op het psychedelische aspect van zijn verhaal. Hij vulde zijn eerste twee boeken meestal met deze verhalen, en het waren deze verhalen die hem rijkdom en grote bekendheid brachten.

Die eerste roem veroorzaakte een verkeerde classificatie van Castaneda's werk in de traditie van new-age psychedelisten, die eindeloos schreven over het gebruik van krachtige planten, kruiden en drugs, om hun geest te verruimen voor wonderbaarlijke nieuwe realiteiten en oosterse religieuze waarheden.

Tegen het einde van het tweede boek besefte Castaneda dat de 'krachtplanten' niet zo belangrijk waren voor don Juan. Hij gebruikte ze alleen als kortetermijn hulpmiddel om leerlingen uit hun lethargie te shockeren. Ze leidden Castaneda niet naar new age-visies op aardbeienvelden met regenbogen en witte konijnen, maar naar een donkerdere wereld met een angstaanjagend eeuwenoud gevoel. Er heersten daar beangstigende krachten, die beslag namen op de meest nuchtere en verantwoordelijke bezoekers, en ze bedwongen.

4

UNIVERSELE KRACHT

Wat was er aan de hand met 'krachtplanten', dat ze zo effectief waren in het openen van Castaneda's bewustzijn en het slechten van zijn verdediging? Volgens Matus heeft elk levend wezen in onze wereld, inclusief planten, een onzichtbare cocon van energie, met energie van het universum die daarop inwerkt.

Over het algemeen zijn de cocons van levende wezens vergelijkbaar in verhouding tot hun fysieke lichaam. De cocon van een grote boom is iets groter dan de fysieke boom. De cocon van een man of vrouw is de grootte van de persoon met uitgestrekte armen en benen. De cocon van de meeste kleine planten is qua grootte vergelijkbaar met de fysieke plant.

De cocons van 'krachtplanten' zijn bijzonder. Hoewel ze fysiek kleine planten kunnen zijn, hebben ze cocons 'bijna zo groot als het lichaam van een man en drie keer de breedte'. De cocons van 'krachtplanten' hebben veel kenmerken gemeen met mensen, maar met een breder bereik van energetische verbindingen met het universum. 'Krachtplanten' hebben ook eigenschappen die ze een speciaal vermogen geven om 'de barrière van perceptie te doorbreken'.

Om te bevatten wat dit betekent, en om de reis van Castaneda naar zijn post-psychedelische stage te volgen, moeten we een sprong vooruit maken en de basiselementen en terminologie van don Juan Matus' wereldvisie verkennen. De concepten die Castaneda's verdere leren stimuleren, zijn allemaal uitgewerkt in zijn latere boeken, maar we hebben ze ook nodig om gebeurtenissen te begrijpen die in de vroege boeken zijn beschreven.

Over het algemeen, als we het leven op aarde en het menselijke bewustzijn proberen te verklaren vanuit een rationeel of wetenschappelijk gezichtspunt, denken we meestal dat ze evolueren van een primitieve naar een meer complexe staat. We beginnen met het vooronderstellen van twee afzonderlijke elementen: materie en energie. Gedurende eeuwen van tijd gaan we ervan uit dat materie en energie op elkaar inwerkten en gecombineerd worden, totdat een kritische massa werd bereikt. Toen gebeurde er een soort van lukrake vonk waardoor het leven uit het oermoeras naar boven kwam. Onintelligent leven ontwikkelde zich en evolueerde gedurende nog meer eeuwen, totdat een nieuwe kritische massa werd bereikt en een andere willekeurige vonk bewustzijn en intelligentie deed verschijnen, alsof uit het niets.

Castaneda's opvatting is dat leven en bewustzijn eeuwig en verweven zijn, al bestaand en intrinsiek. Op het meest basale niveau, en dat van de eeuwigheid, bestaat het universum uit strengen (slierten) van lichtende energie die al levend en bewust zijn. Leven met bewustzijn evolueert niet uit het niets. Het bestaat overal en manifesteert zich herhaaldelijk in een veelheid van verschillende vormen.

Het is bijna onmogelijk om deze slierten van bewustzijnsenergie te beschrijven omdat we van hen zijn gemaakt. Door onze beperkte verbeeldingskracht op hen te projecteren, kunnen we ze visualiseren als gloeidraden of als uitstralingen. We kunnen niet zeggen of ze groot of klein zijn. Ieder strekt zich oneindig uit in een oneindige lengte en eeuwigheid op zichzelf. Miljarden kunnen door ons wezen gaan.

Deze energie is zich bewust van zichzelf, sissend, levend en bewegend met het momentum en het doel van het universum. Deze strengen kunnen de bevelen van het universum worden genoemd, of de intentie ervan. Het zijn oneindige snaren van onbeschrijfelijk energetisch bewustzijn.

'Terwijl ik naar het prachtige uitzicht staarde, begonnen gloeidraden van licht te stralen uit alles op die prairie. Aanvankelijk leek het op de explosie van een oneindig aantal korte vezels, waarna de vezels lange draadachtige strengen van helderheid werden, die samen werden gebundeld in stralen van trillend oneindig licht. Er was voor mij echt geen enkele wijze om te beseffen wat ik zag, of om het te beschrijven, behalve als filamenten van trillend licht. De filamenten waren niet vermengd of verstrengeld. Hoewel ze in alle richtingen voortgingen, en bleven gaan, was elk afzonderlijk en toch waren ze allemaal onlosmakelijk met elkaar verbonden.'

Deze basiselementen van het universum zijn oneindig. Elk is individueel en onafhankelijk, maar ze zijn samengebundeld om stromen en stromingen te maken.

Samen vormen deze oneindige aantallen oneindige ineenstrengelingen een enorme zee van bewustzijn, met kleine sliertjes, krachtige stromingen en onbekende diepten.

Leven en bewustzijn komen niet voort uit een massa van primordiale inerte materie en onpersoonlijke energie die per ongeluk wordt gecombineerd en vervolgens willekeurig evolueert. Het universum heeft bewuste energie en een oneindig aantal matrijzen, of archetypen, voor elk soort van bewust wezen. Het geeft ons op de een of andere manier menselijke vorm. Onze vorm is dus te zien als een vergaarbak die interageert met de filamenten van universele bewuste kracht om een magische daad te kunnen verrichten, namelijk: perceptie.

We materialiseren en verschijnen als kleine druppels die in de immense oceaan van onbeschrijfelijk bewustzijn drijven, en die ver buiten ons begrip ligt. Ons bestaan is een oneindig klein deel van een proces waarin deze oceaan van bewustzijn zichzelf organiseert en herkent. Onze vorm van leven en bewustzijn is niet de kroon op de schepping. Het is slechts één aspect van een onmetelijk universeel bewustzijn dat zijn eigen intentie heeft, een kolkende oceaan die onmogelijk te vatten of te begrijpen is.

Het universum is in wezen roofzuchtig van aard. Heel veel entiteiten bestaan in het universum, ze azen op elkaar, zoeken elkaars bewustzijn. We zijn overgeleverd aan enorme stromen van energie die zich bewust zijn, en die zich in vele vormen manifesteren. Levensvormen worden voortdurend geboren en gaan vervolgens dood. Zichzelf bewuste wezens hebben gewaarwording gekregen van dat bewustzijn, en het doel van het leven is om dat bewustzijn te verrijken en het dan terug te geven aan de gever in een verbeterde vorm.

Het universum is roofzuchtig omdat de interactie tussen leven en dood de noodzakelijke oorzaak is van toegenomen bewustzijn. Zodra een levend wezen is geboren, gaat het een dans aan met de dood. De constante aanwezigheid van de dood en het doodsbesef veroorzaakt de verbetering van het bewustzijn van het individu en het universum.

Onze positie als minuscule buitenposten met een beperkt bewustzijn in dit enorme onbekende is precair. De enige mogelijke controle die we hebben, is het vermogen om dingen te weten binnen ons eigen kleine energieveld. Ons bewuste wezen bestaat uit de dingen die ons zijn bekendgemaakt; we zijn als kleine eilandjes die zweven in een grenzeloze ruimte met onbekende krachten. We bouwen en onderhouden ons eiland door te leren geselecteerde dingen waar te nemen. Om te overleven moeten we ons eiland beschermen door ons eigen bewustzijn te beheersen, onze perceptie van dingen die we kennen te voeden, het onbekende te blokkeren dat ons anders zou overspoelen.

Er zijn veel soorten individuele wezens in het universum van energetisch bewustzijn, inclusief organische wezens en anorganische entiteiten die bewustzijn hebben maar geen lichaam. Er zijn hiërarchieën van bewustzijn. We zijn ons bewust van vele wezens die weinig of geen besef hebben dat we bestaan en ze waarnemen, zoals veel insecten en microscopische wezens. Er bestaan entiteiten die zich bewust zijn van ons terwijl we ons niet van hen bewust zijn, zelfs als we dezelfde ruimte delen.

* * * * *

Elk individueel wezen, organisch of niet, heeft een cocon van energie. Een individuele mens is een bolvormige cocon ter grootte van het menselijk lichaam met uitgestrekte armen en benen.

Universele filamenten van energie komen uit het oneindige om door de huid van de cocon te gaan, door de binnenkant van de cocon en aan de andere kant, en verder naar het universum, opnieuw tot in het oneindige. De cocon bepaalt en omsluit filamenten die door zichzelf gaan en zich vervolgens in ontelbare richtingen naar buiten uitstrekken naar het oneindige.

De energie binnen en buiten de cocons is hetzelfde; ze zijn onderdelen van eenzelfde filament. Mensen worden gemaakt door en direct verbonden met universele energiestrengen die zich in alle richtingen uitstrekken naar het oneindige.

Bepaalde bundels van universele energiefilamenten passeren onze cocon. Dezelfde groepering van filamenten gaan door de cocons van alle mensen. Op geen manier is te begrijpen hoe deze groepering van onbegrijpelijke strengen van bewustzijnsenergie plaatsvindt, maar volgens Castaneda kunnen de tovenaars en zieners uit de oude traditie van Don Juan het duidelijk zien.

Onze aarde is ook een levend en bewust wezen met een cocon waarin we leven. Ons verhaal maakt deel uit van het verhaal van de aarde. De oneindige universele strengen die door ons heen gaan, vormen slechts een klein deel van de oneindige verzameling van filamenten van de aarde. De levens van onze menselijke cocons vinden plaats in de veel grotere cocon van de aarde, en ons lot is daarmee verbonden en verstrengeld.

De cocon van elk levend wezen bevat universele bewustzijnsdraden die het voor perceptie gebruikt. Elke cocon is gevuld met miljarden universele strings van bewustzijnsenergie, die slechts een oneindig klein deel van de totale snaren van het hele universum vormen. Een enkele cocon, hoewel klein in vergelijking met het geheel, bevat nog steeds ontelbare miljarden snaren bewustzijnsenergie in zichzelf.

Slechts een klein deel van die ingesloten filamenten wordt gebruikt. Elk levend wezen heeft iets in zijn cocon, dat sommige emanaties selecteert om te gebruiken voor perceptie, terwijl anderen worden genegeerd. Dit aspect is het punt waarop elk levend wezen verbonden is met het universum, rechtstreeks verbonden met de geest en de intentie van dat universum.

Mensen hebben een bol van heldere energie ter grootte van een tennisbal op het oppervlak van de cocon, ongeveer op een armlengte achter de rechterschouder. Deze energiebal is hetgene dat emanaties selecteert die door onze cocons gaan, om te gebruiken voor perceptie. Het wordt het 'assemblagepunt' genoemd omdat dat het punt is waar perceptie wordt geassembleerd. Het kan ook het selectiepunt worden genoemd, omdat het bepaalde emanaties selecteert en andere negeert.

Slechts een klein deel van het totale aantal emanaties in de cocon wordt geselecteerd, terwijl de rest wordt genegeerd. Als het assemblagepunt op het oppervlak of de binnenkant van de cocon beweegt, selecteert het de ingesloten universele uitstraling waarop het valt. Die interne bewustzijnsstrengen zijn dan verbonden met dezelfde strengen buiten de cocon, die zich uitstrekken tot in het oneindige, en dit is hoe gewaarwording plaatsvindt.

Perceptie is een magisch proces dat plaatsvindt wanneer strengen van universele energie die door onze menselijke cocons gaan, worden geselecteerd en vervolgens met licht worden bestraald door ons assemblagepunt. Het assemblagepunt verbindt, zet recht en schijnt licht op de interne en externe delen van die geselecteerde strengen van energie, die zich uitstrekken tot in het oneindige. Het resultaat is perceptie. We leren waar we ons assemblagepunt moeten neerzetten en dus wat we waarnemen, van onze ouders en verzorgers, vanaf het moment van geboorte.

We kunnen stellen dat een mens een assemblagepunt heeft. Het is misschien juister om te zeggen dat er in het universum ongekende, ontelbare, vele biljoenen assemblagepunten zijn. We zijn wat we zijn en leven in onze wereld bepaald door de positie van ons assemblagepunt in het universum van bewustheidsenergie.

Het assemblagepunt bestaat binnenin een cocon, in een universum van bewustheidsenergie. Door strengen van bewustheidsenergie te selecteren en te combineren, verbindt een assemblagepunt tegelijkertijd een wereld en ook een bewust wezen in die wereld. De specifieke aard van die wereld en dat wezen, wordt bepaald door de selectie van energiestrengen en de mate en intensiteit van bewustzijn. De intentie die ervoor zorgt dat het assemblagepunt de waarneming verzamelt, komt uit het universum buiten de cocon.

Volgens Castaneda is de totale energie binnen onze cocons verdeeld in twee delen. Een onderdeel is de menselijke band, de verzameling energie die toegankelijk is voor de menselijke perceptie, die bestaat uit ongeveer een derde van de hele cocon. De andere twee derde zijn niet-menselijke strengen energie in onze cocons, maar buiten het menselijke bereik van perceptie.

De menselijke band is georganiseerd in 48 bundels. Om onze normale wereld waar te nemen, gebruiken we twee van deze bundels. Er zijn 46 extra bundels energie in onze cocons die we kunnen leren gebruiken, maar die we normaal niet gebruiken. Van die 46 bundels behoren er zes tot een parallelle wereld van wezens, die ook bij ons op aarde leven. Ze hebben ook cocons en assemblagepunten, maar ze hebben geen fysieke organen die ademen, eten en zich voortplanten.

Veel van deze wezens die met ons bestaan, zijn zich van ons bewust, maar wij kunnen ze over het algemeen niet in waarnemen. Don Juan Matus noemde ze soms onze 'tweelingen', soms onze 'neven'. Ze zijn zich van ons bewust, maar kunnen geen contact met ons opnemen. We zijn ons meestal niet bewust van hen, maar als we ons toch van hen bewust worden, kunnen we het initiatief nemen en contact met hen opnemen, wat dan de deur kan openen tot een relatie.

Het aantal en de verscheidenheid van deze dubbele entiteiten die onze dagelijkse wereld delen, maar buiten ons normale bewustzijn, is groter dan het aantal en de verscheidenheid van entiteiten die we normaal gedurende ons leven waarnemen. De verscheidenheid aan ongeziene en niet-organische entiteiten in onze wereld overtreft veruit de duizenden organische soorten die we tot nu toe hebben geteld.

De andere 40 bundels van energie in de menselijke

band van onze lichtende bollen behoren tot andere werelden. Als we ze allemaal zouden gebruiken, zou het mogelijk zijn om ten minste 600 extra complete werelden samen te stellen. Meer dan 600 werelden zijn beschikbaar voor ons, gebruikmakend van de energie die door de menselijke band vloeit in onze lichtende sferen.

Deze werelden zijn net zo compleet en overweldigend als de onze; wezens leven en sterven erin, en wij kunnen ze bezoeken en ook daar leven en sterven. Als iemand zou vragen waar in het universum deze werelden bestaan, is het onmogelijk om dat te beantwoorden, anders dan te zeggen dat deze werelden, en de wezens die daar wonen of bezoeken, bestaan in hun respectievelijke posities van assemblage.

Ze bestaan constant en onafhankelijk van onze wereld, maar zijn voor ons ontoegankelijk. We worden afgeschermd van hen omdat we geconditioneerd zijn ze te negeren, en te accepteren dat onze normale wereld van het alledaagse leven de enige mogelijke realiteit is. Als ons assemblagepunt op één plaats onbuigzaam blijft, dan is dat een perceptiebarrière tussen ons en de 'tweeling' inzittenden van onze wereld, en tussen onze wereld en elke andere wereld.

Er zijn talloze triljoenen posities in het universum waar assemblagepunten werelden en wezens bijeen kunnen brengen. Alle levende wezens hebben cocons en assemblagepunten in de stroom van de sliert-achtige emanaties van bewustheidsenergie van het universum.

De cocon is een tijdelijk iets, beginnend met de geboorte en eindigend met de dood. Castaneda legt niet uit hoe de geboorte van een cocon plaatsvindt in dit universum van bewuste energie. Hij zegt dat elke seksuele handeling gevoelens en andere samenstellende delen veroorzaakt, die normaal ongestoord in het universum drijven om te proberen te combineren en een nieuw wezen te scheppen. De dood volgt wanneer de cocon verslapt raakt van gebruik en in elkaar zakt, waardoor de ingesloten energie terug naar het universum kan ontsnappen.

Cocons bestaan in een constant bewegende oceaan van universele krachten. Deze krachten, die het bewustzijn en de bedoeling van het universum bevatten, overspoelen voortdurend de cocons. Deze 'overspoelende krachten' hebben twee aspecten. De eerste is wat ons leven, doel en gewaarzijn geeft; de tweede is de kracht die openbreekt en de cocon vernietigt op het moment van overlijden. Deze tweeledige kracht van leven en dood raakt ons gedurende onze gehele levensduur zonder ophouden en verslijt de cocon geleidelijk, totdat het niet langer de overspoelende krachten kan gebruiken, maar er in plaats daarvan wordt overwonnen.

De bewustzijnsenergie die gevangen zit in de cocon beweegt zich voortdurend en worstelt om contact te maken met de energie buiten. De eindeloze strengen aan de buitenkant oefenen een constante druk uit op de cocons. De druk van buitenaf initieert het bewustzijn door de beweging van de ingesloten energie te stoppen, die altijd vecht om eruit te komen - in feite, vechten om te sterven. Wanneer de emanaties binnen zich verbinden met de emanaties buiten, begint het bewustzijn en wordt de dood verhinderd. We moeten waarnemen of sterven.

Onze perceptie omvat altijd de totaliteit van onze energie. Er zit geen extra energie in onze cocons die niet betrokken is bij het waarnemen, bij het verblijven in onze wereld.

Wij zijn waarnemers. Dat is wat we geboren zijn om te doen. In een oneindig roofzuchtig universum dat ons bevattingsvermogen ver te boven gaat, hebben we een veilig eiland, een thuishaven, met alles wat ons is gegeven. Er zijn andere onbekende typen van gewaarwordingslevens rondom ons, en van sommigen ervan zijn we ons bewust, maar onze waarnemingsbarrière verbergt ze voor ons tijdens ons leven. Ons kleine eiland beheren, onszelf veilig houden in deze enorme zee van bewustzijn, neemt al onze energie in beslag, met andere woorden: ons gehele

5

MET DE DONS IN DE WOESTIJN

'Ik ben maar een mens, don Juan', pleitte Castaneda in antwoord op de vraag van Matus: 'Weet jij iets van de wereld om je heen?'

In 1968 keerde Castaneda terug naar Mexico en hervatte zijn leertijd bij don Juan Matus. Dit bracht de laatste fase van hun relatie op gang, die ononderbroken voortduurde tot Matus' verdwijning in 1973.

De bovenstaande uitwisseling belichaamde de plagerijen tussen Castaneda en don Juan terwijl ze door de woestijnen en steden zwierven. Don Juan zette zijn hoed op, gooide hem op de grond, sloeg op zijn dij, schoot een doordringende blik of een vragend staren, maakte een grap, knakte in zijn gewrichten, opende zijn ogen wijd, klopte Castaneda op de rug en smakte zijn lippen. Nieuwsgierig, perplex, geërgerd, bang en geïrriteerd, bleef Castaneda constant vragen stellen, vaak onnodig. Als Castaneda's schrijven allemaal fantasie is, dan is zijn literaire vermogen om de trotse maar angstaanjagende en aarzelende vooruitgang van een tovenaarsleerling te tonen van onwetendheid tot begrip, meesterlijk. In de loop van 30 jaar en 12 boeken heeft Castaneda de leerling altijd de juiste hoeveelheid begrepen en verkeerd begrepen, en liet dit zien met zijn ontwijkingen, ontkenningen, obsessieve tics en andere reacties.

Don Juan's sidekick werd geïntroduceerd: de angstige maar toch komische, acrobatische tovenaar, don Genaro Flores. Hij werd assistent-leraar in de nieuwe, soms slapstick-achtige, leertijd van Castaneda. Don Genaro, een Mazatec-indiaan uit centraal Mexico, verscheen als een eenvoudige plattelandsboer, verlegen en met zelfspot, maar amuseerde, lokte uit en maakte Castaneda voortdurend doodsbang met onverklaarbare en verfijnde handelingen van theatraliteit, pantomime en magie.

Samen met don Genaro introduceerde Matus ook Nestor en Pablito, zijn andere leerlingen. Ze zouden Castaneda vanaf dit moment verder vergezellen op de meeste van zijn heldendaden. De strakke leertijd van Castaneda werd vanaf dat moment doordrenkt met humor, met macho Latino kameraadschap, zoals grappen over scheten laten en damesondergoed.

Don Juan zei dat hij een en ander wat wilde verlichten; hij zei dat Castaneda's eerdere terugtrekken veroorzaakt was omdat de zaken te serieus werden genomen. Castaneda probeerde nog steeds heimelijk aantekeningen te maken en werd daar eindeloos mee geplaagd; don Genaro stak de draak met hem omdat hij zijn handen de hele tijd in zijn zakken had, waar hij zijn aantekenboekjes bewaarde. Genaro ging op zijn hoofd staan om te laten zien hoe absurd het is om een tovenaar te worden door aantekeningen te maken.

Een angstige Castaneda vertelde aan don Juan dat hij geen peyote meer wilde. Hij had geen zin om zijn realiteitszin verder te laten afzwakken door de lessen van Matus. Hij had net een succesvolle en kritisch erkende bestseller gepubliceerd en was van plan het lucratieve lezingencircuit op te gaan, zoals de lezing die ik later had gemist, en hij had al bijna zijn doctoraat voor elkaar. Een internationaal bekende, succesvolle man is normaal gesproken geen kandidaat voor een tovenarij opleiding vanuit een vervallen hut in de Mexicaanse woestijn. Matus negeerde dit gewoon en verwelkomde Castaneda als een verloren zoon om zijn leerproces voort te zetten. Zonder te weten waarom, ging Castaneda daarin mee.

* * * * *

Veel lezers van Castaneda waren enthousiast over de psychedelische avonturen in de eerste twee boeken, maar raakten vervolgens hun interesse kwijt, toen ze zich realiseerden dat hallucinogene planten slechts een kleine rol speelden, en alleen aan het begin. Tegen het einde van de gebeurtenissen in zijn tweede boek, *A Separate Reality*, stopte Castaneda met het gebruik van alle vormen van 'krachtplanten'. Hij gebruikte peyote, Duivelskruid en het paddenstoelenrookmengsel van 1960 tot 1965, zoals beschreven in het eerste boek. Tegen de tijd dat hij terugkeerde naar Mexico in 1968, was de voorraad planten en paddenstoelen die hij eerder had geteeld en daarna opgegeven, uitgestorven of bedorven. Van 1968 tot 1969 meldde hij nog een paar keer dat hij het paddenstoelenmengsel rookte, maar alleen omdat Matus erop stond en hij de voorraad van Matus moest gebruiken omdat hij zelf niets had.

Matus legde uit dat de planten nodig waren om

Castaneda uit een lethargische toestand te schudden, hoewel dit aanzienlijk ten koste ging van zijn lichaam. Castaneda moest geschokt worden tot het besef dat er andere staten van bewustzijn en andere werelden zijn. Om dit te realiseren, moest hij zijn schilden omlaag halen.

Onze schilden zijn samengesteld uit onze interne en externe dialoog - onze gebruikelijke en obsessieve manier van denken en projecteren van onze gedachten op perceptie zonder pauze. Schilden zijn zowel de oorzaak als het gevolg van het feit dat ons assemblagepunt op één plaats wordt gefixeerd. Ons werd geleerd hoe we onze waarneming konden immobiliseren en stabiliseren door ons gewoonte te praten en te denken; onze praat- en denkprocessen werden toen onze schilden.

In zijn tweede, derde en vierde boek beschreef Castaneda een reeks leerervaringen die een patroon begonnen te tonen. Don Juan manoeuvreerde Castaneda in een positie om een gevaarlijke leeruitdaging het hoofd te bieden. Castaneda zou dit voelen en nerveus en onrustig worden, vragen stellen, geruststelling of aanwijzingen vragen, proberen het onderwerp te veranderen of op de rem te staan. Uiteindelijk duwde Matus hem abrupt in elke uitdaging die zich had voorgedaan. Castaneda ging vlug lukraak naar binnen, zag kansen en gevaren verkeerd in en verstrikte vervolgens steeds in een val, of kwam in gevaar door overdreven te reageren op zijn emotionele reacties.

Castaneda ontmoette eens een 'bewaker van de andere wereld', gemanifesteerd als een groot insect. Hij zag deze beschermer meerdere keren, totdat een ontmoeting een gevaarlijke wending kreeg. De bewaker gaf hem een teken om op te rotten: hij toonde Castaneda zijn naakte achterste. Zijn billen lieten veelkleurige patronen zien en Castaneda was onder de indruk en staarde ernaar. Het monster was beledigd en viel aan; Castaneda heeft het alleen overleefd vanwege de tussenkomst van don Juan.

Een andere keer keek Castaneda dromerig naar het water in een irrigatiekanaal, negeerde de waarschuwingen en instructies van don Juan en werd weggesleurd door het stromende water. Hij was ver weg, verloren in een onbekende wereld, zonder idee waar hij was of hoe hij kon terugkeren. Matus redde hem opnieuw, maar deze ervaring maakte alle watermassa's gevaarlijk voor hem; hij kon een tijdje niet alleen in de buurt van water worden achtergelaten.

Castaneda had enkele van de schilden verloren die vroeger een muur van waarneming vormden om zichzelf te beschermen. Hij was er echter nog niet klaar voor om verantwoordelijkheid te nemen voor zijn ontmoetingen in de afzonderlijke realiteit die hij nu tegenkwam. Hij slaagde er niet in om gevaar te identificeren en te respecteren, of om kwaad uit de weg te gaan. Hij gaf toe aan wat er ook maar op hem afkwam, alsof hij niet geloofde dat het echt gebeurde, of alsof hij gewoon een interessant fenomeen of dagdroom bestudeerde.

Een gevaarlijke wereld van macht ging steeds verder open. Matus werd herhaaldelijk gedwongen om Castaneda te redden aan het einde van elke ervaring. Hij had toezicht en bescherming nodig om te voorkomen dat hij te ver afdwaalde en voor eeuwig verloren zou raken in een andere wereld, of dat hij gewond raakte of zelfs werd gedood in een gedachteloze ontmoeting met een grotere macht die hij niet erkende of respecteerde.

Het echte gevaar en het echte avontuur begon toen don Juan stopte met het geven van de 'krachtplanten' van Castaneda. De gebeurtenissen in zijn leertijd begonnen een andere impact en waarde te krijgen, en markeerden een nieuwe fase in zijn leven. Toen zijn leertijd eenmaal was doorgegaan zonder peyote te eten of paddestoelen te roken, kon hij zijn ervaringen geen hallucinaties meer noemen. Alles was even echt en even belangrijk.

Als hij peyote of paddestoelen at, of de rook inhaleerde, kon Castaneda extreme ervaringen of angstaanjagende ontmoetingen toeschrijven aan de 'krachtplanten', niet aan zichzelf als waarnemer, of de echte wereld als geheel. Toen Castaneda eenmaal besefte dat andere werkelijkheden bestonden en hem beïnvloedden, veranderde alles. Matus vertelde hem dat...

'De wereld is inderdaad vol met angstaanjagende dingen en we zijn hulpeloze wezens omringd door krachten die onverklaarbaar en onbuigzaam zijn. De gewone man gelooft dat die krachten vroeg of laat kunnen worden verklaard of veranderd. Door zich open te stellen voor kennis wordt een tovenaar kwetsbaarder... door zich open te stellen voor kennis valt hij ten prooi aan deze krachten en heeft slechts één middel om zichzelf in evenwicht te brengen... hij moet zich als een strijder voelen en gedragen. Alleen als een strijder is het mogelijk het pad van de kennis te overleven.'

Door Castaneda herhaaldelijk te schokken met sterke 'krachtplanten' liet Matus hem zijn verdediging neerhalen. Dit opende de deuren die zijn normale werkelijkheid scheidde van het onherleidbare universum van bewustzijnsenergie. Hoewel zijn verstand nog steeds vasthield en hem belette het te zien, was hij kwetsbaar voor de uitgestrekte oceaan van onbeschrijfelijk roofzuchtig bewustzijn, dat zich in het universum in het algemeen en binnen onze eigen cocons bevindt. Zodra deze openheid aanhield zonder het excuus geboden door drugsgebruik, werd het een keerpunt omdat het niet langer mogelijk was om het uit te slapen, nuchter en weer normaal te worden. Castaneda ontgroeide de behoefte om wakker te worden geschrokken door peyote of paddenstoelen.

Maar waarom zou een beroemde succesvolle man willen of toestaan dat hij openstaat voor 'onverklaarbare en onbuigzame' krachten?

Volgens don Juan Matus is dit de paradox van het bewustzijn: om onszelf te beschermen tegen de onverklaarbare en onbuigzame krachten die overal om ons heen zijn, moeten we ons bewustzijn beheersen. Als alles wat we doen in het leven controle over ons bewustzijn is, beroven we ons van ons geboorterecht als mensen, als waarnemers die in staat zijn tot magie.

Tijdens de periode van het gebruik van peyote en paddenstoelen, terwijl Matus hem de 'krachtplanten' gaf om hem wakker te schudden in een nieuwe openheid, onderwees hij Castaneda ook technieken die hem zouden voorbereiden om die onoplosbare paradox van gewaarzijn onder ogen te zien. Hij toonde hem een manier van leven die waarnemers toeliet hun bewustzijn te vergroten terwijl ze zichzelf beschermden tegen de niet aflatende en onverklaarbare krachten die elk opkomend bewustzijn aanvallen.

In eerste instantie negeerde een arrogante Castaneda

die lessen. Nu had hij ze nodig om zijn leven en geestelijke gezondheid te beschermen. Deze overlevingstechnieken werden het onderwerp van het derde boek, *Journey to Ixtlan*.

Castaneda zegt dat dit boek gebaseerd is op veldnoties uit zijn vroegere jaren met Matus; hij had ze apart gelegd, omdat hij zich het belang ervan niet inzag. Het zijn lessen van Matus die hem vanaf het begin leerde hoe hij zich als een 'strijder' door de wereld kon bewegen, om nieuwe bewustwording en macht aan te tappen en aanvallen van het onbekende te doorstaan.

Castaneda werd gedwongen te accepteren dat zijn bizarre ervaringen niet eenvoudigweg te wijten waren aan peyote, en dat de uitdagingen die hij ontmoette onontkoombare delen van het mens-zijn waren. Iedereen die kennis zocht, opende zich voor het onbekende. Hij werd toegankelijk en kwetsbaar voor de enorme machten die hem en alle andere menselijke wezens aanvielen. Hij kon letterlijk niet overleven zonder te reageren als een strijder, die een gevecht was begonnen en zijn eigen leven moest redden.

Een strijder in een veldslag kan op elk moment sneuvelen. Daarom gaat de krijger ten strijde met angst terwijl hij klaarwakker is. Hij respecteert zijn situatie, blijft alert op alles om hem heen en heeft het volste vertrouwen in zichzelf. Hij verspilt zijn bewegingen of energie niet, of geeft zich over aan onnodige of niet-productieve gedachten. Hij vertrouwt niet op anderen of geeft hen de schuld voor zijn hachelijke situatie. Hij gebruikt zijn status of identiteit niet om zichzelf te verhogen of te beschermen, hij onderdrukt zijn gevoel van eigenwaarde en is gelijk aan alles en iedereen.

Hij weet dat de dood nabij is, en zelfs als hij de strijd overleeft, zal hij zeker een andere dag sterven. Het bewustzijn van de dood geeft hem een mate van vrijheid en verlatenheid, wat kracht en flair aan zijn acties toevoegt. Hij aanvaardt een bepaalde gemoedstoestand en houdt zich verantwoordelijk voor elke ervaring en uitkomst. Hij neemt alles serieus, terwijl hij erom lacht.

De hoofdstuktitels van zijn derde boek geven een overzicht van de belangrijkste thema's in het Castanedasysteem van welzijn voor een strijder in de strijd: 'Persoonlijke geschiedenis wissen', 'Zelfvertrouwen verliezen', 'De dood is een adviseur', 'Verantwoordelijkheid nemen', 'Een jager worden', 'Ontoegankelijk zijn', 'De routines van het leven verstoren', 'De laatste veldslag op aarde', 'Toegang krijgen tot macht' en 'De gemoedstoestand van een strijder'.

Het is duidelijk dat ons normale leven niet gericht is op een toestand van strijden. In plaats daarvan houden we onszelf voortdurend voor dat onze wereld begrijpelijk en veilig is. Als we iets tegenkomen dat we niet kunnen bevatten, gaan we ervan uit dat het op een gegeven moment veilig zal worden opgelost. De gemoedstoestand van een strijder is alleen van belang wanneer iemand wordt blootgesteld aan extreme en niet aflatende gevaren. Waarom zou iemand in een comfortabel leven in deze staat van bewustzijn willen raken? Waar komt de uitdaging vandaan die deze stemming op natuurlijke wijze oproept?

Matus leerde Castaneda dat de kunst om toegankelijk of ontoegankelijk te zijn, afhankelijk is van de situatie. Net zoals een soldaat een plek kan vinden om op adem te komen, en daardoor enig vermogen verkrijgt om zijn slagveld te kiezen, kan de man of vrouw die op zoek is naar kennis, leren ontoegankelijk of toegankelijk te zijn. Hij moet bewust beslissen wanneer hij zichzelf onthult en wanneer hij zich schuil moet blijven houden voor de uitdagingen die altijd om hem heen zijn. De strijder kiest ervoor om ontoegankelijk of toegankelijk te zijn, in plaats van hulpeloos tussen een halfbewuste stupor en een angstaanjagende ontwaking te aarzelen.

Volgens Matus zijn de natuurlijke uitdagingen die de gemoedstoestand van een vechter kunnen oproepen altijd om ons heen. We zijn letterlijk omringd door de eeuwigheid. We houden ons er ontoegankelijk voor, scheiden ons en beschermen ons ervan. We focussen constant, van minuut tot minuut, van seconde tot seconde, op de zorgen van ons persoonlijke leven, hetgeen een waarnemingsbarrière schept.

Matus probeerde Castaneda de kunst te leren open te staan voor de machten die overal om ons heen bestaan, zonder door hen te worden vernietigd. Hij zei: 'deze wereld is een mysterieuze plek. Het is dom om te geloven dat de wereld is zoals je denkt dat die is.' Maar onvoorzichtig het onbekende ingaan, in een verkeerde gemoedstoestand, is nog dommer omdat het je blootstelt aan gevaarlijke, oncontroleerbare en onverbiddelijke krachten.

Hij bracht dagenlang door met don Juan, op jacht in de woestijn. Matus leerde hem over de gewoonten van verschillende roofdieren, zoals ratelslangen, kleine zoogdieren en vogels. Castaneda herinnerde zich het einde van een middag, toen hij zich lekker voelde, na een dag dwalen door de woestijn. Het werd koud en ze waren nog steeds ver van het huis van don Juan. Plotseling stond Matus op en kondigde aan dat ze een nabijgelegen heuvel gingen beklimmen en er bovenop op een open plek zouden gaan staan.

Toen ze de heuveltop bereikten, zei Matus: 'Wees niet bang. Ik ben je vriend en ik zal ervoor zorgen dat je niets ergs overkomt.' Natuurlijk hadden deze geruststellende woorden het tegenovergestelde effect, waardoor Castaneda's gemoed veranderde in pure angst.

Matus fluisterde, 'daar is het, kijk eens!' terwijl een windvlaag in Castaneda's gezicht blies.

Terwijl Castaneda beweerde dat het alleen de wind was, die werd veroorzaakt door lichte verstoringen in luchtdruk en temperatuur, vroeg Matus hem om wat takken van nabijgelegen struiken te verzamelen. Hij zei Castaneda te gaan liggen terwijl hij hun beiden bedekte met de takken en bladeren. Na vijf minuten stil te hebben gelegen, ging de wind liggen.

Even later, nadat ze rechtop waren gaan zitten en hun discussie voortzetten, wees Matus opnieuw op de nadering van iets en het begon opnieuw te waaien. Ze moesten nieuwe takken verzamelen en zich weer verbergen om het te laten ophouden.

Matus legde uit dat het niet alleen de wind was die ze in die schemering tegen kwamen, maar ook de kracht zelf. De kracht verstopte zich in de wind, zoiets als een 'krans, een wolk, een mist, een gezicht dat ronddraait'. De wereld is werkelijk een mysterieuze plek. Kracht kan nuttig zijn voor een jager, of een overlast. Het geheim van grote jagers is 'beschikbaar en niet beschikbaar zijn op het precies juiste moment'.

* * * * *

In een van de meest onvergetelijke scènes in alle werken van Castaneda heeft don Genaro een klif beklommen en van steen naar steen gesprongen, stoeiend op de top van een 50-meter hoge waterval. Hij toonde een beheersing van evenwicht met behulp van vezels van zijn lichtend wezen om zichzelf te ondersteunen. Castaneda kon de vezels niet zien. Hij kon alleen maar kijken. Hij zag alleen een reeks onmogelijk moeilijke fysieke bewegingen. Hij redeneerde dat het vaardigheid was, of wellicht dat hij gehypnotiseerd was door de gebeurtenis.

Er is een verschil tussen kijken en zien, net zoals er een afzonderlijke realiteit is. We kijken naar één realiteit maar zijn blind voor de afzonderlijke realiteit, tenzij we zien. Zien houdt het gebruik in van het hele menselijke lichaam, inclusief de onzichtbare delen, als een instrument voor waarneming; zien gebeurt onafhankelijk van de ogen.

De algehele stemming van normale waarneming gedomineerd door roofzuchtige belangen is visueel. Het is altijd van het allergrootste belang geweest voor mensen om naar een gebeurtenis te kunnen kijken, deze tot zich te nemen en snel gevaar en kansen te herkennen vanuit het oogpunt van een roofdier. De ogen leerden om naar dingen te kijken en een korte blik te werpen van item naar item. De geest vulde de betekenis van de scène en elk item erin en hun waarden in, voor een roofzuchtig wezen dat zowel jaagt als wordt gejaagd.

Kijken naar dingen, kijken naar de wereld, is een aangeleerd gedrag. Pasgeboren baby's kijken je niet aan. Ze staren naar buiten en zien iets anders.

'We leren overal aan te denken, en dan trainen we onze ogen om te kijken terwijl we nadenken over de dingen waar we naar kijken.' We leren denken, en in onze gedachten beschrijven we de wereld en onze plaats daarin; dan gebruiken we onze gedachten om onze ogen naar de dingen te laten kijken. We brengen bekende dingen en onze vertrouwde wereld in focus. Als we dat eenmaal hebben geleerd, bekijken we alles vanaf dat moment en vergeten we wat we moeten zien.

Volgens Matus is normaal menselijk zien 'meer interpretatie dan perceptie'. We doen niet de moeite om ons gevoel, onze geur of zelfs ons gehoor te gebruiken om complexe en bindende identificaties te maken. Normaal gesproken 'raken we slechts de inkomende energie lichtelijk aan met onze ogen', wat een interpretatiesysteem triggert dat onmiddellijk attributen en waarden identificeert en toewijst: boom, huis, vrouw, oud, mooi, gevaarlijk. Door ons stroboscoopachtig aanschouwen, produceren we een gehele wereld om in te leven. We werken constant om onze focus op die wereld te behouden en ook aan te scherpen, afgescheiden van het universum zoals het was voordat we leerden het door onze gedachten en ogen te filteren.

Ons wordt geleerd en gedwongen van kleins af aan ons bij onze groep te voegen en samen naar dingen te kijken; we zijn het eens over wat echt is en wat niet. We doen dit om een veilige buitenpost te vestigen in het onbekende, samen met alle mensen die dezelfde planeet delen. We leggen een pad vast dat we gedurende het hele leven moeten volgen om onszelf te beschermen tegen onze daden vanuit de universele zee van roofzuchtig bewustzijn. We scheiden het bekende van het onbekende en negeren en ontkennen het onbekende.

Castaneda heeft nooit, zonder assistentie, kunnen zien tijdens zijn leertijd bij Matus. Castaneda heeft pas later, enkele jaren nadat Matus weg was, zijn verstand kunnen overtuigen om te zien. Zodra hij kon zien, kon hij zich ook alles herinneren wat hij eerder had gezien.

Door de 'krachtplanten' te gebruiken, dwong Matus Castaneda ertoe zich open te stellen voor de krachten die in het universum bestaan. Toen hij dat eenmaal deed, bestond hallucinatie niet meer. Alles, alle perceptie, was gelijk. Er was geen mogelijkheid meer voor terloops drugsgebruik, met daarna de roes uitslapen.

Matus leerde Castaneda dat er niet zomaar gegeten of gedronken wordt. Er is geen vrijblijvende seks. Er is ook geen toevallige wandeling in de woestijn of de stad. In feite is er geen toevallig denken. Elke gedachte is een actie die ons bewustzijn en onze waarneming bepaalt, die alles bepaalt. Filosofie is een streven naar leven en dood. Niets is echt, maar alles is belangrijk.

* * * * *

Matus introduceerde Castaneda op het gebied van dromen. Hij zei dat de veiligste manier om toegang te krijgen tot het onbekende, het ontwikkelen en gebruiken van een soort bewustzijn is dat we in onze dromen hebben. Mannen en vrouwen zijn lichtgevende energie-orbs temidden van grote wervelingen van energiebanden. We nemen onszelf en onze wereld waar door ons assemblagepunt op een specifieke plaats te houden, wat een innerlijke en uiterlijke wereld creëert. De manier om toegang te krijgen tot nieuwe energiebanden, die buitengewone waarnemingen bevatten, is om het assemblage punt te verplaatsen. Maar het kan niet worden verplaatst door een bewust commando.

Ons assemblagepunt verschuift op natuurlijke wijze tijdens de slaap en produceert onze dromen. Het onderzoeken van onze dromen is de gemakkelijkste manier om het vermogen te ontwikkelen om de beweging van het assemblagepunt te gebruiken. Matus heeft het echter niet over het analyseren van onze dromen op een psychoanalytische manier. Psychoanalyse van dromen is een manier om ze te begrijpen volgens ons bestaande referentiepunt, of een manier om ons normale perspectief en onze prestaties te actualiseren of te verbeteren door nieuwe informatie uit dromen op te nemen.

Castaneda schreef over het ontwikkelen van onze aandacht binnenin een droom, niet door van buitenaf te kijken. Als baby's assembleren we eerst onze wereld, door onze aandacht uitsluitend te richten op één positie van het assemblagepunt. Hij zegt dat we een andere wereld kunnen samenstellen door ons te concentreren op dingen die in onze dromen verschijnen, wanneer het assemblagepunt willekeurig naar een andere positie is verplaatst. In feite is onze dagelijkse realiteit een droom onder vele dromen, versterkt en gemarkeerd door de instemming van alle mensen op onze planeet die het delen. Het universum is vol dromen met wezens die ze delen op basis van hun overeenkomsten. Het universum is gevuld met verzamelpunten, plaatsen waar bewuste energie wordt verzameld en gecombineerd in de waarneming.

Het is natuurlijk om dromen te delen. Onze dagelijkse realiteit is precies dat: een gedeelde menselijke droomconditie die door veel mensen samen wordt gehouden. We zijn ons niet bewust dat het een droom is, omdat we geen andere gedeelde dromen hebben om te vergelijken. Onze gedroomde wereld is niet onze willekeurige keuze; het gebeurde omdat het de bedoeling van het universum uitdrukt. Wat we doen als we merken dat we in een droom zijn gegooid, is onze keuze. We moeten de verantwoordelijkheid nemen voor alles wat gebeurt, om enige mate van controle te hebben.

* * * * *

De focus van Castaneda's werk verandert in het derde boek. In plaats van het roken van paddenstoelen of het eten van peyote om uit de normale realiteit te worden geschud, gaat het er nu om hoe we opzettelijk uit onze normale realiteit in een andere werkelijkheid kunnen komen zonder 'krachtplanten' te gebruiken, en hoe moeilijk en gevaarlijk het is om dit te doen. Het is een eenzame zoektocht, die ons op een radicale manier van anderen scheidt. Zonder de leefregels van het 'strijderspad' betekent het simpelweg waanzin als we los komen te staan van de geaccepteerde realiteit.

Tijdens een van zijn driedaagse autoritten van Los Angeles naar Mexico bracht Castaneda twee nachten door in een hotel buiten een Mexicaans stadje, terwijl zijn auto werd gerepareerd. Vanuit het café van het hotel bekeek hij een groep arme kinderen die hun dagen buiten op de stoep doorbrachten. Ze wachtten geduldig op klanten om te vertrekken, om zich op de restanten te storten en om ze op te schrokken, daarna de tafel af te ruimen en beleefd terug te trekken naar de stoeprand. Castaneda voelde zich moedeloos omdat deze kinderen zonder hoop leefden. Hij gaf Matus zijn mening dat ze de 'mogelijkheden tot persoonlijke bevrediging en ontwikkeling' die hij zelf genoot, werden onthouden.

'Je denkt zeker dat je beter af bent?' was Matus' repliek. 'Kunnen jouw vrijheid en kansen je helpen een man van kennis te worden? Alle mannen van kennis die ik ken, waren kinderen zoals deze die je de restjes zag eten en de tafel

6
JE ANDERE ZELF IN DE AFGROND GOOIEN

Castaneda herinnerde zich een grappige dag waarop hij en Matus samen met don Genaro Flores in zijn vervallen hut in de bergen verbleven. De oude man amuseerde hen urenlang met het vertonen van hilarische pantomimen en acrobatische gebaren, met Castaneda meestal als het mikpunt van zijn grappen. Aan het eind van de middag verontschuldigde don Juan zich en ging naar de struiken om te urineren. Toen Matus terugkeerde, stond Genaro dramatisch op, rook de wind en zei: 'Ik kan maar beter gaan waar de wind waait', met een uiterst ernstige uitdrukking, en liep toen weg. Matus waarschuwde Castaneda zich niet ongerust te maken als hij vreemde geluiden zou horen terwijl Genaro in de struiken zat, want 'wanneer Genaro schijt, beven de bergen'. Een paar minuten later hoorde Castaneda een 'diep, onaards gerommel', dat hij niet kon identificeren. Toen hij naar don Juan keek om te zien wat er aan de hand was, lag Matus dubbel van het lachen.

Het uiteindelijke doel van Castaneda's geleide avonturen in de woestijnen, bergen en steden van Mexico met zijn leraren is dat hij zijn 'dubbel', zijn andere zelf, tegenkomt. Volgens Castaneda hebben alle mensen een ander zelf dat steeds naast het zelf bestaat waar we ons normaal van bewust zijn. Twee zelven bestaan vanwege ons tweestapsproces van waarneming. Het andere zelf is een meer basale en completere versie van ons wezen, dan ons zelf van het dagelijks leven. Het heeft het dagelijkse zelf nodig om te gedijen en te overleven als een roofdier en om het leven te begrijpen - om in essentie een leven te hebben. Bewustzijn hebben van de twee zelven op hetzelfde moment is contact maken met 'de totaliteit van onszelf'.

Vanwege onze tweestapswaarneming bestaan we altijd als twee wezens, maar we zijn ons normaal gesproken slechts van één bewust. In de waarneming, neemt onze kern in eerste instantie de wereld direct waar. We negeren die directe perceptie onmiddellijk en gaan een stap verder om onze gedachten op te leggen aan de energie die we net hebben waargenomen. Het resultaat van die extra stap is de perceptie van ons normale zelf in onze wereld. We letten alleen op dat secundaire product van perceptie.

Er is een kort moment tussen de oorspronkelijke directe waarneming en de tweede. We gebruiken dat interval om onze primaire waarneming te ontkennen en te vergeten, en in plaats daarvan onze volle aandacht te richten op de secundaire waarneming. Maar we hebben nog steeds een zelf dat bestaat in die eerste waarnemingswereld, hoewel we het ontkennen en negeren.

Als we eenmaal leren om de twee stappen van waarneming te doen, die ons vanaf het moment van de geboorte worden geleerd, werken onze twee zelven afzonderlijk. Het nieuwe zelf, het zelf dat leeft in de overeengekomen reële wereld, bestuurt het proces van waarneming automatisch gedurende het hele leven.

'De wereld geeft zich niet direct aan ons over, de beschrijving van de wereld staat ertussenin. Dus, met andere woorden, we zijn altijd een stap verwijderd en onze ervaring van de wereld is altijd een herinnering van de ervaring. We herinneren ons eeuwig het moment dat net is gebeurd, dat net voorbij is. We herinneren, herinneren, herinneren.'

We kunnen praten over dit waarnemingsproces, en het dubbel, en onze woorden kunnen ons doen voelen dat we het onderwerp redelijk goed onder de knie hebben, of op zijn minst een manier hebben om ernaar te verwijzen. Maar we kunnen het dubbel niet begrijpen via taalgebruik. Praten en nadenken over het dubbele brengt ons er niet mee in contact. 'Dat is het probleem met woorden. Ze laten ons altijd verruimd voelen, maar wanneer we de wereld werkelijk bekijken, laten ze ons altijd in de steek en zien we de wereld zoals we dat altijd hebben gedaan, zonder verlichting.'

Het andere zelf kan per ongeluk worden tegengekomen, als gevolg van ziekte, waanzin, liefde, oorlog of extreme shock. Of het kan meer harmonieus worden aangetroffen, maar nog steeds lukraak in dromen. In beide gevallen is onze typische reactie snel terug te keren naar onze denkwereld, die de herinnering aan het dubbele tenietdoet of deze als iets anders interpreteert.

Matus en don Genaro leerden Castaneda geleidelijk aan om zijn andere zelf, zijn dubbel, te ontmoeten door erover te dromen. Ze begeleidden hem verder naar het besef, dat het de dubbel is die het zelf van normaal gewaarzijn droomt. Dit is het mysterie van de dromer en de gedroomde.

De dromer en het gedroomde leven bijna gelijktijdig, gescheiden door een minuscule tijdsinterval. Ze ervaren dezelfde gebeurtenissen, maar nemen ze anders waar. Het bewustzijn van de dromer is veel breder en inclusiever, terwijl het ook meer verstoord en weerbarstig is. De dromer neemt de eeuwigheid waar, maar kan er niet over praten, of over wat dan ook.

Het bewustzijn van het gedroomde zelf wordt beperkt, in het oog gehouden, georganiseerd en beschermd. De dromer is zich bewust van het gedroomde, maar van het gedroomde is geleerd de dromer te negeren en te ontkennen. De dromer ervaart alles onmiddellijk, terwijl het gedroomde zelf alles ervaart na een tijdsverschil. Tijdens deze microscopische vertraging legt hij zijn gedachten en beelden op, waardoor de onbewerkte gegevens in overeenstemming zijn met zijn kijk op de wereld.

Het gedroomde zelf verzamelt een selectie van waargenomen gebeurtenissen tijdens zijn leven en speelt ze steeds opnieuw af in zijn hoofd. Hij noemt dit zijn geheugen. Zijn persoonlijke geschiedenis en identiteit zijn opgebouwd uit deze geselecteerde herinneringen. De meeste ervaringen zijn vergeten, maar bestaan nog steeds in verborgen hoeken van ontkende en onbegrepen beelden. De paradox van het geheugen is dat onze herinneringen aan het normale zelf feitelijk de ontkenning van het geheugen zijn. Herinneren in een diepere betekenis is het andere zelf herinneren.

We leren vanaf onze geboorte om onze aandacht

uitsluitend te richten op het gedroomde zelf, dat bestaat in onze gedeelde wereld waarin we zijn gegooid. We delen onze wereld met andere wezens die deel uitmaken van onze tijd, onze cohort. We hebben overeenstemming met hen over wat echt is en wat niet echt is. Echt zijn betekent volgens Matus dat een akkoord moet worden bereikt. Dit akkoord is niet zelfgekozen of willekeurig; het is ons opgelegd door het doel van het universum, voor eigen doeleinden die we niet kunnen doorgronden.

Ons normale leven bestaat voornamelijk uit de constante en opslokkende inspanning om deze overeengekomen echte wereld te behouden, te activeren, te verklaren, te begrijpen en te vernieuwen. Onze daden, gedachten en woorden houden zich voornamelijk bezig met het bevestigen van de echtheid van onze wereld dat ons vanaf de eerste dag is aangeleerd.

We zijn constant in ontkenning van het dubbel, dat eigenlijk de dromer is die ons droomt. In deze activiteit verwezenlijken we magie en tovenarij. We ontkennen wat het meest basaal is voor onszelf en vervangen het door de perceptie van iets anders.

De gedroomde persoon heeft geleerd zijn andere zelf en daden te veronachtzamen. We negeren ook onze veronachtzaming. We hebben verschillende gebruikelijke manieren van denken en repetitieve en dwangmatige activiteiten geleerd om het andere zelf buiten ons bewustzijn te houden. We zijn ons niet bewust van die inspanningen, net zoals we onze autonome lichaamsfuncties negeren die ademhaling, spijsvertering, angst beheersen. Ten slotte wordt ons geleerd niet alleen het andere zelf te negeren, maar ook om het actief te ontkennen, zogenaamd om onze doorgang door het leven te vereenvoudigen, om het leven gemakkelijker te maken.

Tenzij we erover worden onderwezen, zijn we ons nooit bewust van ons dubbel tijdens het leven, tot het moment van overlijden. Vlak voor de dood, wanneer onze energie ons in de steek laat, en we het tweestapsproces van waarneming niet meer kunnen uitvoeren, verliezen we het bewustzijn van ons werkelijke zelf en keren we terug naar ons dubbel, in welke toestand het zich ook bevindt na een leven van verwaarlozing. De opgeslagen geheugens exploderen in bewustzijn en we herleven ze een voor een. Ons leven gaat voor onze ogen voorbij.

* * * * *

Om hem te onderwijzen over zijn dubbele zelf, leiden don Juan en don Genaro Castaneda voortdurend van zijn normale zelf naar zijn dubbel. Vanuit de positie van hun lichtende wezens, drukken ze het assemblagepunt op zijn lichtend wezen. Castaneda ervaart dit meestal als een klap op z'n rug. Ze worstelen vaak om hem weer normaal te krijgen. Soms kunnen ze hem terugbrengen met een andere harde klap op de schouders, maar vaak moeten er emmers water over hem gegooid worden.

De twee leraren laten Castaneda ook voortdurend hun eigen dubbel zien zonder hem te vertellen wat ze doen. Het dubbel is geen organisme zoals wij dat moet ademen en eten. Ze plagen en verwarren hem door te proberen les te geven terwijl ze zich ook amuseren, en dagen hem uit om te beseffen dat hij in de aanwezigheid is van een dubbel, die geen normale lichamelijke functies heeft, zoals ontlasting. De eerste dag die Castaneda doorbracht met don Genaro was met Genaro's dubbel en eindigde in de voorgewende trip naar de struiken die eerder werden beschreven. Castaneda legde het plichtsgetrouw vast in zijn aantekeningen die dag, zonder de grap ervan in te zien.

Een concept als het dubbel kan zeker worden omschreven als vreemd, zelfs bizar, maar het is eigenlijk niet vreemder dan sommige geaccepteerde voorschriften van de moderne natuurkunde. Kwantumfysica heeft een heel vreemd concept, superpositie, waarbij een elektron of ander deeltje op twee plaatsen tegelijkertijd kan zijn. Superpositie lijkt ook griezelig op het dubbele omdat het vrijwel onmogelijk is om te observeren - wanneer je de dubbele deeltjes observeert, stort de waarneming in elkaar en gaat terug naar wat normaal wordt gedacht, waar het deeltje slechts op één plaats bestaat. Volgens Castaneda doet het dubbel dat ook. Je kunt dubbel zijn, maar slechts één tegelijk.

* * * * *

Het totale lichtende wezen, dat beide zelven bevat, de dromer en het gedroomde, heeft acht punten, die kunnen worden gevisualiseerd.

De Acht Punten

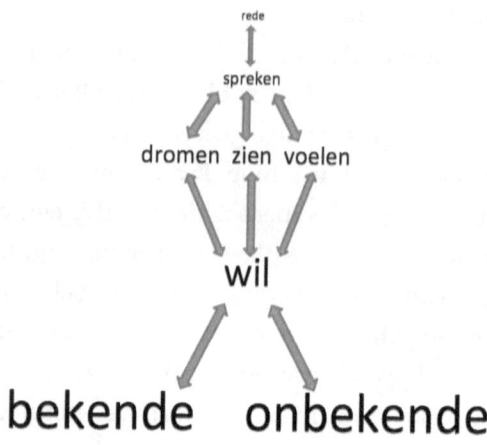

Dit diagram heeft twee epicentra: Rede en Wil. Hoewel de rede onze tijd domineert, is het verreweg het kleinste punt in het diagram en verbonden met slechts één ander punt - Spreken. Rede is het kleinste punt en het meest geïsoleerd van ons totale wezen. We leven nu in een tijd waarin de rede ons epicentrum is.

Spreken verwijst naar onze voortdurende interne en externe dialoog, waarmee we onze gedachten en aangeleerde verwachtingen opleggen aan de onbewerkte gegevens van perceptie. Wanneer de rede contact maakt met spreken, noemen we dat begrip.

We gebruiken alleen de twee kleinste punten in de totaliteit van onszelf - rede en spreken. Normaal gesproken worden we ons in onze levens nooit bewust van de resterende zes punten. Rede en spreken vormen het normale zelf van onze tijd in de menselijke geschiedenis.

Spreken is verbonden met drie grotere punten - dromen, zien en voelen. Deze drie concepten hebben grotere betekenis dan normaal wordt ingezien. Dromen is niet alleen iets wat gedaan wordt tijdens het slapen, maar ook de beweging van het assemblagepunt met zijn uitlijning van nieuwe energiestralen, ongeacht of het nu gedaan wordt in onze slaap of terwijl we wakker zijn. Zien is de eerste stap van waarneming, vóór de interpretatiestap. Zien in de betekenis in tegenstelling tot kijken. Gevoel verwijst naar het gevoel van het dubbel, dat interactie heeft met de wereld door naar buiten toe tentakels van energiestrengen te projecteren.

Merk op dat deze drie punten - dromen, zien en voelen - het punt van de rede niet raken; de rede kan geen directe verbinding maken met deze drie punten of wat dan ook daarbuiten.

De rede is het dominante epicentrum in onze tijd. Hoewel het het kleinste punt in het menselijk lichtend wezen is, is rede niettemin zo'n beetje de held van de moderne mensheid. De rede redde ons vroeger toen grotere, donkere machten het leven van de mens domineerden. De rede vestigde zijn heerschappij door taal te gebruiken en te spreken om de betekenissen van de concepten dromen, zien en voelen te beperken. Dromen, zien en voelen zijn begrippen vol met enorme krachten, en hadden in een vroeger tijdperk van de menselijke geschiedenis meer belang, toen ze dominant waren en de rede nauwelijks bekend was.

Dromen, zien en voelen zijn verbonden met een veel groter punt - Wil. Wil verwijst naar het vermogen van het lichtende wezen om zelf te handelen, met intentie, in zijn eigen domein waar elk wezen verschijnt als een coconachtige conglomeraat van energie-strengen die naar het oneindige gaan. Wil handelt met zijn tentakels, zijn rauwe strengen van bewustzijnsenergie.

Gezien vanuit de optiek van tovenarij, en vanuit de positie van de oermens, was wil het overheersende epicentrum, en rede werd opzij gezet en werd genegeerd. Wil is het centrale punt dat het wezen en de activiteiten van het andere zelf, de dromer, organiseert. De wereld die door de wil in stand wordt gehouden, is de wereld van het andere zelf, net zoals de wereld die door de rede wordt ondersteund, de wereld van ons normale zelf is.

De laatste twee punten zijn het bekende en het onbekende. Deze punten zijn veel groter dan het gecombineerde totaal van alle andere punten. Om het hele diagram in een nauwkeuriger perspectief te plaatsen, als we ons een voetbalstadion voorstellen, zou rede gewoon het regelboek in de zak van de scheidsrechter zijn, terwijl het bekende het volledige stadion zou zijn en het onbekende de oneindige wereld zou zijn buiten het stadion.

Tales of Power vertelt het verhaal van Castaneda's laatste dagen met don Juan Matus. Tegen het einde van het boek zijn Matus en zijn groep oude tovenaars verdwenen en Castaneda is samen met de andere twee leerlingen, Pablito en Nestor, in een afgrond gesprongen.

Ter voorbereiding van de weergave van deze gebeurtenissen, heeft Castaneda de laatste twee van de acht punten op het diagram uitgelegd, die de totaliteit van de mens vormen.

Hij zei dat het leven van een mens uit twee kanten bestaat, die Matus 'het tonale en het nagual' noemt. Deze twee woorden zouden afkomstig zijn uit de oude Amerikaanse folklore; het is moeilijk om exacte Engelse (of Nederlandse) woorden te vinden om ze te vervangen. Een ruwe vertaling van het tonale is 'het bekende' en het nagual is 'het onbekende'.

Het bekende is tijdelijk, beginnend bij de geboorte en eindigend bij de dood. Het onbekende is er altijd, eeuwig. Het onbekende is zich bewust van alles, maar kan niet spreken. Het bekende kan spreken maar heeft een beperkt gecontroleerd bewustzijn; het kan wijzen in de algemene richting van het onbekende, als het daartoe wordt opgeroepen, maar is normaal gesproken niet op de hoogte van het bestaan van het onbekende.

Het bekende gaat een stap verder en ontkent actief het bestaan van het onbekende. Matus zegt dat 'de tonale grote kunst is, om elke manifestatie van de nagual op zo'n manier te onderdrukken dat zelfs als zijn aanwezigheid het meest voor de hand liggende ding in de wereld zou zijn, het onmerkbaar is'. We zijn altijd omringd door de eeuwigheid, maar we zijn druk bezig met aan belangrijkere dingen te denken.

Het bekende is alles wat we kennen, of denken te weten, en alles waar we een woord voor hebben tijdens ons leven. Dit omvat onszelf als mensen, onze identiteiten en alle dingen die we identificeren als zijnde in de wereld, inclusief God, de ziel en de duivel en elk concept dat we kunnen bedenken. Het bekende maakt zijn eigen regels waardoor het de wereld begrijpt en daarom zijn wereld schept en onderhoudt. Zonder het bekende zou er geen betekenis, taal of orde in onze percepties zijn. Er zou alleen chaos zijn.

Het bekende van elk levend wezen wordt het best gevisualiseerd als een klein eiland in een enorm universum, dat bijna volledig is samengesteld uit het onbekende. Het onbekende kan worden gevisualiseerd als een totaal universum van kracht en bewustzijn dat voortdurend handelt en alles weet en regisseert, maar niets kan zeggen of begrijpen wie het is of wat het doet.

Het onbekende is alles dat bestaat, afgezien van het kleine eiland van het bekende. Het onbekende is onvoorstelbaar immens. Toen Matus zijn leerlingen over dit onderwerp leerde droegen ze een tafeltje op een vier uur durende wandeling door de woestijn. Ze vonden een vallei en plaatsten de tafel op de grond met keukengerei op de grond. Ze wandelden vervolgens nog twee uur naar de top van een nabijgelegen berg en keken neer op de tafel. Hij vertelde hun dat het oppervlak van de nauwelijks zichtbare tafel het bekende vertegenwoordigde, met het gebruiksvoorwerp als items van ons begrip. Toen zwaaide hij met zijn armen en zei dat al het andere het onbekende was.

Het onbekende kan niet in woorden worden beschreven. Als iets kan worden beschreven, maakt het deel uit van het bekende. De effecten van het onbekende kunnen worden gezien maar niet worden verklaard. Je kunt er alleen maar naar wijzen. Matus beweert dat het mogelijk is om het onbekende binnen te gaan en zijn kracht te zien en zelfs te gebruiken, maar terwijl ervaringen in het onbekende kunnen en zullen gebeuren, kunnen ze niet noodzakelijkerwijs worden beschreven of geanalyseerd; meestal worden ze niet eens herinnerd.

Onze identiteit, onze persoonlijkheid, bevindt zich in het bekende deel van onszelf. Wanneer het bekende zich bewust wordt dat het over zichzelf spreekt, verzint het woorden als 'ik' en 'ikzelf'. In het onbekende hebben we geen identiteit; we hebben alleen kracht en effect.

Wanneer we worden geboren, en een korte tijd daarna, zijn we allemaal onbekend. We worden geconfronteerd met een operationele wereld die we moeten leren delen en eraan deelnemen. Ons bekende begint zich te ontwikkelen door middel van een totale monumentale inspanning. We kunnen ons deze inspanning niet herinneren, omdat het gebeurde voordat we onze taal, identiteit en geheugen ontwikkelden.

Het belang van het bekende is zo groot dat we er uiteindelijk volledig in geïnvesteerd raken en vergeten wat er eerder was. We behouden een vaag gevoel van ons andere zelf, dus we beginnen koppels te maken in ons denken. We denken aan geest en lichaam, materie en energie, God en de duivel, maar dit zijn allemaal bijzondere concepten die deel uitmaken van het bekende. Het zijn allemaal dingen die op de een of andere manier bekend zijn, dingen waaraan woorden zijn verbonden. Ze omvatten niet de feitelijke dualiteit waaruit ons complete wezen bestaat, dat is het bekende en het onbekende.

Het onbekende kan in ons leven naar boven komen, maar alleen bij toeval. We kunnen er niet bewust voor zorgen het te ontmoeten. Het onbekende kan echter naar voren komen en wanneer dat gebeurt, kan het bekende zich bewust worden van de totaliteit van zichzelf. Meestal gebeurt dit alleen op het moment van overlijden.

In *Tales of Power* vertelde Castaneda hoe Matus hem leerde over het bekende en het onbekende, en over hoe het bekende ons leven regeert, ook al is het zwak in vergelijking met onze andere kant, het onbekende. Vanwege zijn relatieve zwakte moet het bekende sluw en vernuftig zijn in het handhaven van de illusie dat het onbekende niet bestaat. Als het onbekende zich wel voordoet, wordt het bekende kwetsbaar.

Alles meer dan een vluchtige blik van het onbekende is dodelijk voor het bekende en dus voor het hele wezen. Wanneer het onbekende naar voren komt, is het als een 'slechte hond'. Herhaaldelijk dumpte Matus emmers water op Castaneda 'om zijn nagual terug op zijn plaats te krijgen. Het tonale moet tegen elke prijs worden beschermd. De kroon moet ervan worden weggenomen, maar het moet als beschermde opzichter blijven bestaan.'

Het onbekende kan alleen veilig naar voren komen als het wordt gebruikt om het bekende te stimuleren. Wanneer dit wordt bereikt, wordt dit persoonlijke kracht genoemd. Zonder lange en zorgvuldige training is elke ontmoeting met het onbekende in het bekende schokkend, waardoor een dodelijke klap ontstaat. Zonder training geeft het bekende de voorkeur om te sterven in plaats van de controle op te geven.

Het trainen van het bekende bestaat uit het verwijderen van alle onnodige dingen - 'het schoonmaken van het eiland van het tonale'. Alle gewoonten, gedachten, overtuigingen en vooral herinneringen aan relaties die voorkomen dat het bekende een ontmoeting met het onbekende overleeft, moeten worden hersteld en vrijgegeven. Er moet een nieuwe interne dialoog worden ontwikkeld die het bewustzijn van zowel het bekende als het onbekende mogelijk maakt.

Tales of Power wordt afgesloten met de cruciale handeling waarop alle geschriften van Castaneda balanceren. In 1973 volgde Castaneda, samen met Pablito en Nestor, Matus en zijn groep tovenaars naar een hoogvlakte in de bergen van Mexico. Aan de rand van het plateau was een afgrond. Dit specifieke plateau en de afgrond maakten deel uit van de geschiedenis en folklore van de tovenarijtraditie van Matus. Door de geschiedenis heen waren veel tovenaarsgroepen en getrainde strijders daar gekomen voor hun ultieme en laatste ontmoeting samen. Aan het einde van hun training sprongen leerlingen de afgrond in. Castaneda deed hetzelfde aan het einde van *Tales of Power*.

De gebeurtenissen op het plateau markeerden de laatste verschijning van don Juan en don Genaro, en het einde van Castaneda's leertijd. Natuurlijk weten we dat de auteur het overleefde om dit verhaal en vele anderen in toekomstige boeken te vertellen.

Vóór de sprong kreeg Castaneda de 'tovenaarsverklaring', die verduidelijkte hoe deze handeling kon worden uitgevoerd; hoe een persoon in een afgrond kon springen en dat kon overleven.

Volgens deze uitleg zijn we, wanneer we ons in het zuivere onbekende bevinden, samengesteld uit een cluster van 'gevoelens, wezens en zelven' die bestaan en 'zweven' in het onbekende 'zoals schepen, vredig, onveranderd, voor altijd'.

De uitleg van Matus ging verder:

'Dan verbindt de lijm van het leven sommigen van hen samen... Wanneer de lijm van het leven die gevoelens samenbindt, wordt een wezen geschapen, een wezen dat het gevoel van zijn ware aard verliest en wordt verblind door de schittering en het lawaai van het gebied waar wezens zweven, het tonale. Het tonale is waar alle verenigde organisaties bestaan. Een wezen duikt in het tonale zodra de kracht van het leven alle benodigde gevoelens samen heeft gebonden... het tonale begint bij de geboorte en eindigt bij de dood... zodra de kracht van het leven het lichaam verlaat, desintegreren al die eenduidige gewaarwordingen en gaan terug naar waar ze vandaan kwamen, uit de nagual... bij de dood zinken ze diep en bewegen ze zich onafhankelijk, alsof ze nooit een eenheid waren geweest.'

Er is een grondbeginsel in de natuurkunde dat stelt dat materie niet kan worden gecreëerd of vernietigd. Op dezelfde manier bestaat het universum van Castaneda uit zelven en gevoelens, die eeuwig zijn. Wanneer de eenheden zich in het onbekende bevinden, drijven ze afzonderlijk. Om in het bekende te verschijnen, worden ze door de levenskracht in groepen verzameld. Wanneer het wezen sterft, scheiden de eenheden weer en keren terug om te zweven in het onbekende.

Toen Castaneda van de klif sprong, deed hij het als een getrainde strijder die was voorbereid om opzettelijk het onbekende in te gaan. Op deze manier het onbekende binnengaan was als doodgaan, behalve dat de individuele eenheden alleen maar uitbreidden 'zonder hun saamhorigheid te verliezen'. Een getrainde strijder zou dan zijn componenten kunnen re-integreren in elke vorm die hij kende, op elke locatie die hij koos.

Dit cruciale moment van Castaneda's leertijd - de sprong in de afgrond - veroorzaakte een onvermijdelijk en laatste conflict tussen zijn rede en de totaliteit van hemzelf. Matus wees erop dat de verklaring van de tovenaar onschuldig en charmant lijkt, maar... het geeft een dreun die niemand kan pareren'.

Springen van de rotsen was niet de conclusie van de leertijd van Castaneda. Het was het eindpunt van zijn tijd met zijn leraren, die 13 jaar duurde. Maar veel van zijn kennis vond tot nu toe plaats in het onbekende, en hij kon het zich niet herinneren in zijn normale bewustzijn. Toen begon de resterende taak van herinneren en integreren van alles wat hem was geleerd, en dat kostte nog een decennium, en langer.

7

HET ANDERE ZELF WEER TERUGVINDEN

Het vijfde boek, *The Second Ring of Power*, neemt een cruciale positie in in de serie, en is anders dan de andere. Het bevat slechts één rechtlijnig verhaal van een reeks gebeurtenissen in chronologische volgorde. Castaneda keerde, ongeveer 18 maanden na de sprong in de afgrond, terug naar Mexico. Hij bracht verschillende weken door met het bezoeken van de groep mede-leerlingen die bij hem waren in zijn vroegere periode bij Matus en Genaro. Alle andere Castaneda-boeken zijn gerangschikt in hoofdstukken per thema; door knippen en plakken van gebeurtenissen en episodes die in tijd en plaats sterk van elkaar zijn gescheiden, met behulp van gesprekken en gedeeltelijke vertellingen uit uiteenlopende geïsoleerde gebeurtenissen.

Castaneda's sprong van de klippen, aan het einde van *Tales of Power,* zou het hoogtepunt van zijn stage moeten zijn geweest. Hij had het programma van Matus tot het einde gevolgd en vervolgens de ultieme act uitgevoerd.

Maar het was niet het einde. Op de een of andere manier overleefde hij de sprong en schreef het boek *Tales of Power*. Maar toen werd hij weer normaal. Zijn rede en gezond verstand herbevestigden zichzelf. Toen begon hij zich af te vragen wat er met hem was gebeurd – of er überhaupt iets was gebeurd.

Die laatste ontmoeting met Matus bij de afgrond gebeurde ergens in 1973. *Tales of Power* werd een jaar later gepubliceerd. Hoe Castaneda het overleefde en terugkeerde naar Los Angeles bleef een raadsel. De rede moest worden overwonnen om te overleven, maar een gedetailleerde beschrijving van wat er volgde na het springen van de rots zou pas verschijnen na zijn laatste boek, *The Active Side of Infinity*, 25 jaar later.

Aan de afgrond in 1973 dwong don Juan Castaneda om zijn laatste afscheid te nemen van alle andere acteurs. Het was duidelijk dat don Juan en don Genaro op een of andere manier de aarde zouden verlaten op hetzelfde moment dat Castaneda zou springen, om nooit meer terug te keren. Het was niet duidelijk wat er na de sprong met Castaneda zou gebeuren. Zijn persoonlijke krachten zouden bepalen of hij het zou overleven, en het was aan hem om terug te keren of niet.

Castaneda's gezond verstand heeft zichzelf weer opnieuw gehandhaafd tijdens de periode dat hij in Los Angeles was. Toen hij naar Mexico terugkeerde had zijn rede weer stevig de opperhand. Zijn doel om terug te gaan was om Pablito en Nestor te ondervragen over de gebeurtenissen op het plateau, en specifiek om te vragen of de gebeurtenissen daadwerkelijk hadden plaats gevonden of slechts een droom of hallucinatie waren. Hij herinnerde zich dat Pablito en Nestor hem naar de klif vergezelden en met hem mee sprongen, maar nu was hij niet meer zeker van wat daar was gebeurd.

Bij aankomst in Mexico, ergens in 1974 of 1975, was Castaneda verrast te ontdekken dat de groep leerlingen veel groter was dan dat hij eerder in de gaten had. Niet alleen Pablito en Nestor, maar ook een andere man en een groep van vijf vrouwen wachtten op de terugkeer van Castaneda. Ze waren allemaal leerlingen van Juan Matus en Genaro Flores samen met Castaneda. Ze wachtten vol spanning op de terugkeer van Castaneda naar Mexico, zodat ze hun gezamenlijke leerproces konden voltooien, met het doel hun vaardigheden te verbeteren in een traditionele tovenaarsgroep. Ze waren ook bereid om specifieke taken en tests uit te voeren die Matus voor hen had achtergelaten. Toen Castaneda aankwam, ontmoette hij onmiddellijk dona Soledad, die hij kende als de moeder van Pablito (zoals beschreven in het eerste hoofdstuk).

In zijn eerdere boeken noemde Castaneda wel een groep vrouwen, maar ten onrechte geloofde hij dat ze omstanders of familieleden waren. Ze maakten eigenlijk deel uit van een groep van studenten die Don Juan samen had gebracht om Castaneda, Pablito en Nestor te vergezellen. De interacties tussen hun en hem waren zeer beperkt en gecontroleerd. Ze spanden samen met don Juan en don Genaro om hun deelname aan de stage van Castaneda te verbergen. De wetenschap dat zij deel uitmaakten van de gezamenlijke leertijd werd door Matus verborgen gehouden voor Castaneda.

We leren nu dat Matus, in de betekenis van ontdekt

en aangewezen, twee mannelijke leerlingen (Castaneda en Eligio) en vijf vrouwelijke leerlingen (Lidia, Josefina, Elena, Rosa en Soledad) 'benoemd' had. De vrouwen woonden bij Pablito en poseerden als zijn zussen. Don Genaro had drie mannelijke leerlingen 'benoemd': Pablito, Nestor en Benigno.

Dit is de eerste van verschillende herinterpretaties van de belangrijkste gebeurtenissen die plaatsvonden terwijl Castaneda en Matus samen waren tussen 1960 en 1973. We kunnen dit op verschillende manieren bekijken. Het had gewoon een poging in Hollywoodstijl kunnen zijn om vervolgverhalen te maken. De uitgever en de auteur hebben misschien samen besloten om een manier te vinden om meer boeken uit te geven, ook al was het verhaal afgelopen. Ga gewoon terug over dezelfde feiten, maar voeg materiaal toe dat zogenaamd de eerste keer werd genegeerd. Het kan duiden op een literaire strategie om nieuwe vertrouwenspersonen te introduceren, wiens informatie en herinneringen feiten en perspectieven belichten die niet eerder werden opgemerkt.

Of, ten derde, het zou een hypothese kunnen introduceren over het geheugen zelf, een hypothese die het mogelijk maakt om terug te gaan in het geheugen en schijnbaar onbekende dingen te ontdekken die daadwerkelijk zijn gebeurd. Gebeurtenissen werden in het geheugen bewaard, ook al registreerden ze zich niet als waargenomen gebeurtenissen toen ze zich voordeden.

Dit is de intentie van Castaneda: om opnieuw te definiëren hoe we ervaren gebeurtenissen waarnemen en onthouden. Vanwege het tweeledige karakter van ons bewustzijn, selecteren we enkele delen van ervaring om ons van bewust te zijn en bewust te onthouden. Alle andere aspecten van onze ervaring worden genegeerd en vergeten. Die vergeten elementen blijven ergens opgeslagen in ons lichtend wezen en kunnen later worden opgerakeld.

Elk nieuw boek introduceerde vanaf toen nieuwe personages of gebeurtenissen uit de leertijd van 1960-1973. Als Castaneda's theorie van herinneren juist is, is het mogelijk dat onze lichtgevende wezens herinneringen bevatten over gebeurtenissen en mensen die tijdens de oorspronkelijke ervaring werden genegeerd en waren vergeten, maar ergens werden opgeslagen om later weer boven water te komen. Gebeurtenissen die niet als reëel zijn aangeduid, worden op dat moment weggedrukt, maar blijven opgeslagen als diepe herinneringen die opnieuw kunnen verschijnen. De totale accumulatie van deze diepe herinneringen, kan groter zijn dan de som van alles wat we beschouwen als de echte herinneringen aan ons leven.

Castaneda keerde terug naar Mexico om uitleg te zoeken over don Juan en Genaro, en om te bevestigen wat er met hem was gebeurd. In plaats daarvan raakte hij verstrikt in een primitieve tovenaarsstrijd om macht onder de leerlingen. Bij zijn aankomst in Mexico raakte hij snel dodelijk in gevecht met dona Soledad (zoals beschreven in het eerste hoofdstuk). Voordat hij zich realiseerde waar hij nu in terecht was gekomen, had ze haar haarband om zijn nek gedraaid en wurgde ze hem. Castaneda voelde een rilling terwijl iets van hem boven het gebeuren rees. Hij zag zichzelf vermoord worden, schijnbaar vanuit een andere positie. In woede smakte dit aparte deel van hem dona Soledad op het voorhoofd, waardoor ze zijn lichaam uit haar dodelijke greep bevrijdde. Een spookachtig deel van haar vloog weg en hurkte in de hoek van de kamer 'als een bang kind'.

Matus had de andere leerlingen voorbereid en aangestuurd om Castaneda te besluipen en te vermoorden, zogenaamd om zijn macht te stelen. Castaneda had hen gevraagd dit te doen, maar was dat vergeten. Verscheidene jaren daarvoor, terwijl hij in een staat van verhoogd bewustzijn was, klaagde Castaneda dat hij wist dat hij weer normaal zou worden en zelfs zou vergeten dat zijn nieuwe bewustzijn bestond. Hij vroeg don Juan en de andere leerlingen om hem te doden, in plaats van hem in onwetendheid te laten als dat zou gebeuren. Ze deden de gelofte om dat te doen, wat Castaneda vergeten was.

Matus wist dat Castaneda naar Mexico zou terugkeren met zijn rede stevig in het zadel, wat betekende dat zijn winsten van tovenarijkennis voor hem verloren zouden gaan. Omdat Castaneda daarom had gevraagd, instrueerde Matus de andere leerlingen om hem uit te dagen, wetende dat permanente winst in bewustzijn alleen met uitdagingen van leven-en-dood gepaard gaat.

De test voor Castaneda was of zijn rede zou zegevieren. Als dat zo zou zijn, zou hij de uitdaging ontkennen en worden verslagen en sterven. Als zijn rede de macht zou verliezen, konden zijn toverkrachten worden gebruikt om hem te beschermen, en zijn tovenaarstraining bevestigen en versterken.

Castaneda heeft de toetsen doorstaan. De een na de ander kwamen zijn krachten tevoorschijn en hij overleefde en verwondde de andere leerlingen ernstig. Hij genas vervolgens hun wonden, wat hem als hun leider bevestigde. Volgens de instructies die Matus voor hen had achtergelaten, werden ze vervolgens belast om elkaar te helpen de benodigde kracht en kennis te zoeken om 'de andere wereld' binnen te gaan waarnaar Matus en Genaro waren vertrokken. Ze hadden Castaneda nodig en verwachtten dat hij hen zou leiden.

* * * * *

Toen Juan Matus Castaneda voor het eerst ontmoette en hem als zijn opvolger aanduidde om zijn kennis aan over te dragen, verzamelde hij ook deze groep van vijf vrouwen en drie mannen om zich bij hem aan te sluiten en hem te steunen. De evolutie van een tovenaar is te zwaar en gevaarlijk om alleen te volbrengen. Net zoals Castaneda zijn eigen orginele verhaal had over de eerste ontmoeting met Juan Matus, hadden alle andere tovenaarsleerlingen boeiende verhalen over hun eerste ontmoetingen met de wereld van de tovenaars en overgangen uit hun vorige leven.

De vijf vrouwen stonden bekend als de 'kleine zusters'. Matus vond Lidia en Josefina tijdens een bezoek aan kleine dorpjes in de bergen. Lidia lag verlaten in een schuur, zeer ziek. Genaro nam haar mee naar zijn huis en verzorgde haar. Matus vond Josefina tijdens een bezoek aan een genezer. Ze stond bekend als een zwakzinnig meisje dat niets anders deed dan huilen, en haar familie was blij haar te overhandigen aan don Juan, toen hij aanbood om haar te genezen. Rosa liep Matus tegen het lijf tijdens de achtervolging van een varken op een landweg, en begon tegen hem te schreeuwen. Het is niet de bedoeling dat tovenaars mensen zomaar tegen het lijf lopen, dus Matus beschouwde hun ontmoeting als een voorteken. Hij schreeuwde terug naar haar, en tartte haar om alles uit haar handen te laten vallen en met hem mee te komen toen hij die dag 's middags wegging, en dat deed ze.

Elena had twee dochters met een brute echtgenoot en werd zwaarlijvig. Een andere man lokte haar mee naar een andere stad, maakte haar weer zwanger en dwong haar om op straat te bedelen met een zieke baby in haar armen. Toen ze wegliep en terugkeerde, op zoek naar haar twee dochters, stenigde de familie van haar eerste man haar en liet haar voor dood achter. Ze ontmoette Pablito tijdens het liften (hitchhiking), en hij nam haar mee naar zijn werk in de wasserij, waar Matus haar vond. Ze gaven haar een nieuwe naam La Gorda - het dikke meisje.

Dona Soledad was geen strikt lid van de groep. Ze was oorspronkelijk bekend als Manuelita, en poseerde als Pablito's moeder. Omdat tovenarij in Mexico toen taboe was, en daarom gevaarlijk, moesten de leerlingen ingewikkelde listen gebruiken om te verbergen wat ze aan het doen waren. Dat is waarom ze samen in één huis woonden, en zich voordeden als een familie. Ze voerden hun impersonaties enthousiast uit, omdat dit ook een discipline van tovenaars was, genaamd 'stalking' (besluipen), dat later zal worden beschreven.

Volgens Matus zijn vrouwen betere tovenaars dan mannen. Vrouwen vinden het veel gemakkelijker om uit hun vorige leven te stappen, omdat hun families in traditionele samenlevingen niet afhankelijk zijn van hen om de familienaam of het bedrijf voort te zetten. Ze kunnen vaak gemakkelijk verdwijnen, in tegenstelling tot mannen, wiens familie ze meestal niet snel zal laten verdwijnen.

Volgens Pablito bevonden alle vrouwen in Castaneda's groep zich in een wanhopige situatie toen ze Matus ontmoetten. De mannelijke leerlingen, beweerde hij, die bekend stonden als 'de Genaros', leefden een normaal leven, 'gezond en blij en gelukkig'.

Pablito werkte op een markt en werd verliefd op een meisje dat in zijn buurt werkte. Hij bouwde voor haar familie een kiosk met een verborgen ruimte waar de twee geliefden zich konden verstoppen en met elkaar konden vrijen. Genaro en Matus zagen de tafel elke dag schudden en trokken hem tevoorschijn. Toen Pablito zich realiseerde hoe sterk don Juan was, huurde hij hem in als arbeider, en Matus speelde het spelletje mee. Genaro vertelde hem dat Matus sterk was vanwege een geheim drankje dat hij kon maken, en overtuigde Pablito ervan om samen een zaak te beginnen.

Benigno was een van de vijf jonge mannen die Castaneda en Matus in de woestijn ontmoetten tijdens een van hun wandelingen. Eligio woonde in de buurt en kende Matus van kinds af aan. Toen hij hoorde van de Amerikaanse leerling (Castaneda), kwam hij bij Matus thuis om hem te ontmoeten op de dag dat Matus van plan was peyote aan zijn kleinzoon te geven. In plaats van zijn kleinzoon om te turnen, kreeg Matus Eligio te pakken. Eligio maakte een onmiddellijke verbinding met de wereld van de tovenaars, en werd daarom niet beschouwd als een leerling in opleiding. Nestor was een genezer die kruiden van don Genaro kocht. Toen hij Genaro de heuvels in achtervolgde en probeerde de bron van zijn leverancier te ontdekken, werd hij getroffen door de bliksem en moest hij genezen worden door Genaro.

* * * *

De acht leerlingen, die nu werden aanvaard als de cohorten van Castaneda, organiseerden een reeks bijeenkomsten om hun respectieve krachten aan elkaar te tonen. Ze hoopten een traditionele groepering van tovenaars op te richten.

De vrouwen voerden een reeks acties uit waarin ze pure ballen van energie werden. Ze grepen de energielijnen vast en gebruikten ze om te springen of te vliegen, of om zich erachter te verschuilen. Castaneda keek toe, maar net als met Genaro Flores op de waterval, kon hij alleen maar waarnemen dat hun menselijke beelden onmogelijke acrobatische prestaties leverden. Zijn rede bleef de boventoon voeren en belette hem te zien.

Het was frustrerend voor de groep jonge leerlingen. Castaneda zou hun ongeëvenaarde leider moeten zijn, maar hij gedroeg zich altijd als een beginner of, erger nog, een buitenstaander. Na een lange strijd accepteerden ze met tegenzin zijn beperkingen. Hoewel zijn krachten naar voren konden komen wanneer er een strijd op leven of dood was, kon hij zijn bekwaamheid om te zien niet oproepen, dus het was duidelijk dat hij hun groep niet kon leiden. Dit betekende dat ze niet verder konden gaan met hun speurtochten en hun voorafgaande training nutteloos was.

Uiteindelijk, in een dramatische confrontatie, vergaven ze Castaneda en zetten ze hun verwachtingen opzij. Op dat moment openden de oren van Castaneda plotseling. Hij herinnerde zich opnieuw de gebeurtenissen die hij eerder had meegemaakt. In deze nieuwe herinnering zag hij de pure energieballen en energielijnen die de vrouwen hadden gebruikt om hun magie uit te voeren. Hij kon voor het eerst zien, in plaats van kijken.

Castaneda's innerlijke strijd demonstreerde de centrale paradox van perceptie. In het tweestapsproces dat perceptie omvat, waar we ons voortdurend herinneren, hebben we twee afzonderlijke sets waargenomen gegevens, maar we kiezen ervoor om er slechts één te zien en te onthouden.

Zoals Castaneda zei, hij was 'te lui om te onthouden wat ik had gezien; daarom nam ik alleen maar genoegen met waarnaar ik had gekeken... Het is moeilijk te geloven dat ik me nu iets kan herinneren dat ik me pas geleden helemaal niet meer kon herinneren.'

Hij concludeerde dat we allemaal tegelijkertijd kijken en zien, maar 'we kiezen ervoor om ons niet te herinneren wat we zien'. In het tweestapsproces van waarneming zien we altijd eerst, maar we negeren onmiddellijk wat we zien om ons alleen te richten op waar we naar kijken. Deze manier van waarneming is 'de kern van ons wezen'.

Naarmate we ouder worden, ontwikkelen we onze aandacht. Aandacht is het vermogen om 'de beelden van de wereld vast te houden'. Zodra we de overeengekomen wereld kunnen waarnemen en vast kunnen houden, wordt onze perceptie een voortdurend herhalend tweestapsproces, dat altijd dezelfde dingen in dezelfde wereld produceert.

De eerste stap is de basale handeling van de waarneming, waarin de cocon van bewuste energie interageert met andere bewustzijnsenergie. De tweede stap is ons magische vermogen om de primaire waarneming opzij te zetten en vervolgens de vertrouwde beelden van onze normale wereld op te dringen aan wat we zien. We nemen altijd de overeengekomen beelden van onze echte wereld waar, de wereld waarvan we het eens zijn dat ze echt is. We doen dit met anderen die hetzelfde hebben geleerd. We ontkennen allemaal met kracht dat zoiets zelfs mogelijk zou zijn.

Wanneer een assemblagepunt zichzelf fixeert in een positie binnen de cocon en de energie richt die er doorheen gaat, dan is het resultaat een droom. We zijn allemaal dromers die samen dromen. Dit is de basis activiteit voor alle bewuste wezens, deze magie. Alle soorten van wezens doen hetzelfde. We zijn geboren waarnemers, ingevoegd in het zijn op een bepaalde plaats, maar in staat om vele werelden waar te nemen. We leren uitsluitend één wereld intensief en zo volledig mogelijk waar te nemen. Om de beelden van die ene overeengekomen wereld vast te houden, denken we erover na en praten we er steeds weer over, verbreden en verdiepen we ons begrip van onze geprojecteerde wereld en noemen we dit intelligentie.

De exclusieve gewaarwording van de gewone wereld wordt voor het eerst bereikt in de kindertijd, niet lang na de geboorte. We houden onze focus door het leven heen via een constante inspanning. We zijn ons normaal gesproken niet bewust van deze inspanning die onze wereld bijeen houdt, net zoals we ons niet bewust zijn van ons autonome zenuwstelsel dat ons lichaam doet functioneren.

We houden ons bezig en verwikkelen ons met de overeengekomen wereld door middel van taal, afbeeldingen en symbolen. Hiermee produceren we een constante stroom van interne en externe dialogen, waarmee we ons besef van onze wereld onderhouden en voortdurend vernieuwen. Deze bewuste en onbewuste handhaving van onze aandacht neemt onze energie totaal in beslag, en laat niets over.

Een andere manier om dit proces te beschrijven, is te zeggen dat er twee soorten aandacht zijn. De 'eerste aandacht' is ons bewustzijn van de overeengekomen echte wereld. Bij de geboorte hadden we deze aandacht niet. Het moest worden ontwikkeld. We leerden heel vroeg in het leven hoe we de beelden van de overeengekomen echte wereld konden vasthouden, en als we er eenmaal mee bezig waren, werd ons geleerd om het nooit in twijfel te trekken. We hebben ons verbonden met de 'ring of power' (ring van kracht) die ons volledig met die wereld in contact bracht. Al onze energie en ons volledige gevoel van zelf werden aan die ring van kracht toegewezen.

De eerste aandacht is aandacht schenken aan het bekende. De 'tweede aandacht' is de aandacht van het onbekende, die we buiten bewustzijn houden. Net voor het moment van de dood zorgt het verlies van levensenergie ervoor dat het proces van waarneming in twee stappen stopt. De tweede aandacht verschijnt dan, samen met alle verborgen herinneringen die erin zijn vervat, en een onverklaarbaar universum wordt geopenbaard.

Er is een manier om de tweede aandacht tijdens het leven te bereiken door gebruik te maken van de drie intermediaire processen van het achtpuntenschema: dromen, zien en voelen.

Net zoals er geen standaard stappen bestaan om de eerste aandacht in de kinderjaren te bereiken, zijn er ook geen voor de tweede aandacht. Het moet met een totale inspanning worden volbracht, geboren uit een duidelijke en aanhoudende intentie om daar te komen. Het moet een kwestie van leven en dood zijn, daarom heeft Matus het voor de leerlingen opgezet om Castaneda te vermoorden. Zonder de impuls van een situatie van leven of dood, zullen mensen de tweede aandacht niet bereiken.

8

SAMEN DROMEN

Omdat dit een serie van boeken is, introduceert Castaneda zichzelf opnieuw in het begin van ieder opvolgend boek, om eerder materiaal de revue te laten passeren, om de voortzettende lezer eraan te herinneren waar hij was gebleven, en om nieuwe lezers op de hoogte te brengen. Hij gebruikte deze herintroducties ook om uit te leggen hoe zijn begrip van de lessen van Matus in de loop van tijd evolueerde.

In het voorwoord van zijn zesde boek *The Eagle's Gift*, voor het eerst gepubliceerd in 1981, heeft Castaneda een aantal termen van Matus opnieuw gedefinieerd. Hij legde uit dat hij zijn relatie met Matus begon als een antropoloog die het gebruik van psychedelische planten bestudeerde. Daarna veranderde zijn begrip, en hij dacht dat hij tovenarij aan het leren was. Maar uiteindelijk ontdekte hij dat Matus en Genaro niet echt tovenaars waren; zij waren 'beoefenaars van een eeuwenoude wetenschap' die verwant was aan tovenarij, maar niet meer hetzelfde als de tovenarij in het verleden. Castaneda veranderde van een intellectueel die antropologische verschijnselen bestudeerde tot een deelnemer. Vanaf dat moment, zoals weerspiegeld in zijn boeken, transformeerde zijn werk 'in een autobiografie'. Hij verzekerde de lezer dat zijn avonturen 'geen fictie' waren; ze lijken onwerkelijk omdat ze ons vreemd zijn.

* * * * *

Het vorige boek, *The Second Ring of Power*, liet zien dat Castaneda gedwongen werd om van de eerste aandacht naar de tweede aandacht te gaan door een strijd op leven en dood. *The Eagle's Gift* gaat over de volgende stap: van de eerste naar de tweede aandacht te gaan zonder de heftigheid van een dodelijke ontmoeting. Dit boek beschrijft technieken om opzettelijk over te gaan van de eerste aandacht naar de tweede, zodra er een toezegging is gedaan om dit te doen.

De splitsing van het menselijke bewustzijn in de eerste en tweede aandacht is geen aberratie of corruptie. Het weerspiegelt de verdeling van het bewustzijn in het universum. Een fundamentele koppeling van tegenstellingen is overal, net zoals het tonale en het nagual, het bekende en het onbekende.

Het bekende deel van de inhoud van de menselijke lichtende cocon - dat verschilt van het menselijke onbekende en van het universele bekende en universele onbekende, bestaat uit alles wat we beschouwen als een deel van ons leven, alles wat we ons herinneren en alles wat ons intellect kan bevatten. Het wordt bepaald door onze zintuigen en taal en wordt voornamelijk bepaald door de rede. Het bewustzijn van het bekende wordt de 'eerste aandacht' genoemd; een andere naam is het 'rechter bewustzijn'.

Hoewel het bewustzijn van het onbekende primair is in de zin dat het bij ons was bij de geboorte, wordt het de tweede aandacht genoemd, omdat het werd aangeleerd nadat we bekwaam werden in de eerste aandacht. De tweede aandacht wordt ook wel 'linker bewustzijn' genoemd. Linker bewustzijn is bewustzijn van het onbekende wanneer we de enorme oceaan van bewustzijn tegenkomen. Het is 'een gebied van onbeschrijfelijke kenmerken: een rijk dat onmogelijk in woorden te vatten is'. In het onbekende zien we met ons hele wezen. Het onbekende is niet beperkt door de rede. Het gaat de taal te boven en kan niet met woorden worden beschreven.

Rede en taal vormen slechts een klein deel van de totaliteit van onszelf. In het andere, veel uitgebreidere, deel bestaat een andere soort van kennis zonder rede en taal.

Linker bewustzijn weet van de rechterkant, maar de rechterkant, waar we normaal ons leven in doorbrengen, is meestal niet op de hoogte van de linkerkant. Als we ooit de linkerkant betreden, dan wordt dat vergeten wanneer we weer terugkeren naar de rechterkant, wat er ons ook overkwam aan de linkerkant. Net als met een dronkaard de volgende ochtend, of een patiënt in hypnotherapie of onder narcose, kunnen er zich niet herinnerde gebeurtenissen en perioden voordoen. Afbeeldingen en gegevens ontbreken in het geheugen, wat een enorme inspanning kan kosten om te onthouden. Het is meestal onmogelijk om te onthouden, tenzij iemand anders bij ons was en later kan helpen om ons geheugen te activeren, of iemand kan ons helpen door middel van deductie om de herinnering te benaderen, zodat gerelateerde details de herinneringen weer kunnen vormen.

In zekere zin is herinnering het belangrijkste onderwerp van het totale Castaneda opus. Geheugen, niet hallucinogenen, is de sleutel tot andere bewustzijnstoestanden. Maar geheugen is niet wat we denken dat het is. Ons normale geheugen is meer een ontkenning van het geheugen; het is slechts een kleine selectieve herinnering aan een paar dingen die onze rationaliteit en identiteit hebben gekozen als hun focus. In de tweede aandacht is een enorm reservoir van herinneringen van de andere zelf. Het lichtende lichaam slaat herinneringen op vanaf het moment van geboorte; ze maken deel uit van het andere zelf, onaanvaardbaar voor de eerste aandacht en het normale zelf.

De tweede aandacht, ook wel het andere zelf genoemd, de linkerzijde of het onbekende, is zich bewust van de eerste aandacht, dat het normale zelf, de rechterkant of het bekende is. Maar de eerste aandacht, de rechterkant, is niet op de hoogte van de linkerkant. Onze taak is om de eerste aandacht de aanwezigheid van de tweede aandacht te laten accepteren, om de totaliteit van onszelf te onthouden.

Bewustzijn is ongelijk verdeeld in drie delen. De kleinste is de eerste aandacht, de bekende wereld en het fysieke lichaam, en de dagelijkse aandacht die nodig is om met het normale leven om te gaan.

De tweede aandacht is een veel groter domein. Het blijft voor de meeste van onze levens op de achtergrond, en komt alleen boven gedurende trauma, medische of chemische interventie of door opzettelijke training. De tweede aandacht openbaart zich aan ons allemaal bij de dood, wanneer de eerste aandacht niet langer de energie heeft om zichzelf te doen gelden. De tweede aandacht omvat al onze ontkende percepties en opgeslagen herinneringen, en het bewustzijn en de herinnering van onszelf en anderen als lichtgevende cocons.

Ons leven in de eerste aandacht is samengesteld uit uitdagingen die bedoeld zijn om ons naar de tweede aandacht te leiden. De tweede aandacht is het slagveld voor het bereiken van de grootste en laatste derde aandacht. De derde aandacht wordt niet beschreven in het werk van Castaneda; volgens Matus zijn het waar hij en Genaro naartoe gingen op hetzelfde moment dat Castaneda de afgrond insprong.

* * * * *

Het verhaal van het vorige boek gaat verder in *The Eagle's Gift*. Castaneda en de acht andere leerlingen bleven elkaar confronteren in een strijd om de macht. De anderen verwachtten dat Castaneda optrad als hun leider, maar ontdekte geleidelijk, terwijl hij hen herhaaldelijk teleurstelde, dat hij op een ander spoor zat. Telkens wanneer ze elkaar confronteerden met hun respectievelijke krachten, versterkte Castaneda zich om zijn eigen leven te beschermen door ze te verwonden. Gaandeweg leidde zijn inspanningen de hele groep naar een huis in een andere stad in het centrum van Mexico, waar ze allemaal heftige maar schijnbaar onmogelijke herinneringen tegenkwamen.

Ze herinnerden zich op de een of andere manier dat ze veel tijd in dat huis doorbrachten en herinnerden zich geleidelijk aan, dat er naast Matus en Genaro nog een andere leraar was die hen leidde, en dat dit zijn huis was. Zijn naam was Silvio Manuel. Manuel had hun ook in dat huis les gegeven, maar ze hadden geen herinneringen aan hem. Ze concludeerden dat elke keer dat ze Manuel ontmoetten, ze zich in de tweede aandacht hadden bevonden en daarom alle bewustzijn van hem hadden vergeten.

Ze kwamen er geleidelijk achter, door een combinatie van redeneren en herinneren, dat Matus en Genaro opzettelijk vaak met Castaneda en de jonge leerlingen in hun staat van normale eerste aandacht waren. Maar er was ook een oudere groep tovenaars rond Matus, waar de jongere groep geen herinneringen aan een ontmoeting had. Ze ontmoetten ze af en toe, maar alleen in de tweede aandacht; ze hadden geen herinneringen aan deze groep in hun eerste aandacht.

Als een onderwijsstrategie, zorgden de oudere tovenaars ervoor dat de leerlingen die getuige waren van gebeurtenissen en verklaringen van de grotere groep leraren, die alleen in de tweede aandacht konden accepteren. De leerlingen kwamen die leraren nooit tegen tijdens de eerste aandacht, of hoorden zelfs de namen van de oude leraren niet noemen tijdens de eerste aandacht. Hun bestaan was onbekend bij het normale dagelijkse bewustzijn van de jonge leerlingen.

Indien de gebeurtenissen en leringen van de grotere groep leraren bij de eerste aandacht zouden zijn aangetroffen, zou de rede tussenbeide gekomen zijn, en zou alles wat niet als reëel en verifieerbaar beschouwd werd, worden betwist of afgewezen. Door de leerlingen in de tweede aandacht les te geven, hebben de oude tovenaars hun kennis direct aan de studenten meegedeeld in een gemoedstoestand waarin alles onmiddellijk begrepen en geaccepteerd kon worden. In die gemoedstoestand werden de lessen direct ervaren en vervolgens opgeslagen in het geheugen zonder de inmenging van de rede. Hoewel die kennis zou worden vergeten, zou het trouw in het stralende lichaam worden opgeslagen.

De leerlingen werden vervolgens alleen achtergelaten, terug in de eerste aandacht, met de schijnbaar onmogelijke taak om zich te herinneren wat ze hadden geleerd, net als een gehypnotiseerde persoon zich probeert te herinneren wat er gebeurde onder hypnose. De uitdaging die studenten door deze lesmethode werd geboden, is de uitdaging waarmee we allemaal geconfronteerd worden om ons gehele zelf te terug te vinden.

De leerlingen herinnerden zich dat Castaneda een speciale relatie had met Silvio Manuel; hij was ernstig gewond geraakt en Manuel had in feite zijn leven gered. Ze vermoedden dat Manuel Castaneda op een of andere manier tot onderling had gemaakt, en dat Castaneda probeerde hen nu om beurten tot slaaf te maken. Deze en andere verwarrende herinneringen onthulden aan iedereen dat ze niet bij elkaar hoorden. Ze scheidden zich af van elkaar, abrupt en onverbiddelijk, behalve één vrouw, La Gorda, die nog steeds tijd doorbracht met Castaneda. Hij verliet de groep en keerde terug naar Los Angeles. Later was hij alleen met La Gorda in Arizona.

* * * * *

Met deze aanpassing, de scheiding van de jonge leerlingen, begon een nieuwe cyclus van leren, waarbij Castaneda en La Gorda als gelijken in Arizona en Los Angeles samenwerkten. Ze verkenden een nieuwe wereld die ze wisten te openen door deductie en vervolgens door onderzoek in hun dromen.

De enige manier voor de eerste aandacht om dingen

uit de tweede aandacht te onthouden, is door te dromen. Omdat ze ervaringen hadden gedeeld in de tweede aandacht, dachten ze dat ze samen zouden moeten kunnen dromen en daardoor dingen samen onthouden.

Om samen te dromen moesten ze tegelijkertijd slapen, hoewel niet noodzakelijk op dezelfde locatie. Ze wisten dat hun leraren samen dromen hadden besproken; het gebeurde spontaan als er een gezamenlijke intentie was. Omdat elk van hen afzonderlijk al de basisprincipes van het dromen had geleerd - wat later in Castaneda's latere boek *The Art of Dreaming* zou worden uiteengezet - kwamen ze er geleidelijk achter hoe ze elkaar in gezamenlijke dromen konden ontmoeten en die dromen vervolgens samen konden onderzoeken, door herinneringen te onthullen die ze deelden terwijl ze in het andere zelf waren.

Volgens Castaneda resumeerden hij en La Gorda, door samen te dromen, wat alle mensen als baby's doen wanneer we leren toe te treden tot de wereld die onze ouderen ons meedelen. De lichtgevende cocon droomt op natuurlijke en spontane wijze samen met andere cocons, wat betekent dat ze spontaan hun assemblagepunten op dezelfde posities plaatsen. De deelnemers kunnen dan eensgezind zijn over de inhoud van de wereld die ze delen, waardoor die echt wordt. Samen dromen is wat we doen als we ons bij een andere wereld aansluiten; het is ook de methode waarbij don Juan's zieners informatie en herinneringen onthouden die werden opgeslagen in de tweede aandacht.

Het doel van het eerste deel van de tovenaarsopleiding van don Juan was om gedeelde herinneringen te creëren in de tweede aandacht van de leerlingen. Castaneda en La Gorda wisten dat ze dezelfde gedeelde maar verborgen herinneringen hadden, omdat ze wisten dat don Juan het zo had opgezet. Toen ze eenmaal in een gedeelde droom verkeerden, door het samen te onderzoeken, werd het echt voor hen; echt in de betekenis van met iemand overeen komen. Zodra die gedeelde droom echt werd, werd het een deel van de eerste aandacht en werd hij onthouden. Dat kon dan grote hoeveelheden andere gerelateerde herinneringen vrijgeven.

In hun gezamenlijke dromen ontmoetten Castaneda en La Gorda elkaar in een gedeelde maar vergeten herinnering, waar ze in een groot huis in Mexico zaten met een grote groep tovenaars, waaronder Matus en Genaro. Herinneringen worden opgeslagen op zeer nauwkeurige posities in het assemblagepunt. Door in een droom bijeen te komen, kwamen ze spontaan precies uit op exact dezelfde positie van het assemblagepunt. Vervolgens deelden ze een voortdurende bewustzijn in die herinnering, zoals die zich liet zien in een terugblik. Ze herleefden herinneringen die ze eerder verloren hadden. Volgens Castaneda kunnen herinneringen die op deze manier zijn verplaatst opnieuw worden beleefd, met nog meer duidelijkheid en intensiteit dan de oorspronkelijke ervaring had.

Castaneda en La Gorda herinnerden zich dat Matus en Genaro niet alleen waren, maar deel uitmaakten van een grote groep tovenaars, en dat Castaneda en La Gorda en de andere leerlingen vaak bij die groep waren geweest. Maar wie waren deze mensen? Wat was er gebeurd? Hoe konden ze zijn vergeten?

Op dit punt in het lopende verhaal vertelde Castaneda, geholpen door La Gorda, een hele onbekende geschiedenis van zijn eigen leven, door dingen in dromen te onthouden en deze voorheen onbekende herinneringen naar zijn normale bewustzijn te halen.

Een cynicus zal zich afvragen: wat is deze voortdurende retroactieve introductie van nieuwe gebeurtenissen en personages in het verleden? Is dit een andere uitgeverstruc om te verzekeren dat zijn serie winstgevende boeken doorgaat? Of is de relatie tussen de eerste en tweede aandacht, en het herstel van verloren herinneringen en werelden uit de tweede aandacht, de sleutel die de volledige omvang van de complete werken van Castaneda opent? Brengt dit ons naar het middelpunt van Castaneda's filosofie?

Als de onderliggende filosofie van de cocons en filamenten van energie waar is, dan zijn alle verhalen van Castaneda mogelijk, en nog veel meer dan dat. Als het universum bestaat uit bewuste energie en een groot aantal assemblagepunten bevat waar waarneming in veel werelden kunnen worden verzameld, dan is onze gedeeltelijke beheersing van ons ene punt van waarneming, hoewel absoluut cruciaal voor onze overleving, inderdaad maar een kleine ding. Als onze bekende wereld slechts een klein eiland is in een enorm onbekend en ondenkbaar universum, dan is de enige waardevolle activiteit voor ons om ons eiland te maken tot ons lanceerplatform, van waaruit we het enorme onbekende kunnen verkennen.

Castaneda en La Gorda concludeerden door een samenspel van proces van deductie, samen dromen en onthouden, dat er veel dingen met Matus en zijn tijdgenoten waren gebeurd die ze vergeten waren.

Ze kwamen tot de conclusie dat ze waarschijnlijk het

grootste deel van hun stage hadden meegemaakt in de tweede aandacht. Ze herinnerden zich geleidelijk aan dat ze leerlingen waren geweest onder een grote familie van leraren, waaronder Matus, Genaro, Manuel en 13 anderen. Deze extra tovenaars gaven hun lessen alleen maar terwijl de studenten zich in de tweede aandacht bevonden. Op de een of andere manier werden studenten gedwongen de tweede aandacht in te gaan als ze in contact kwamen met die grote groep oude tovenaars.

In de eerste aandacht mochten studenten alleen bij Matus en Genaro zijn, dus ze herinnerden zich goed de interacties met die twee. Om alle andere leraren en al hun ervaringen met hen te onthouden, moesten Castaneda en La Gorda zowel hun eerste als hun tweede aandacht gezamenlijk benaderen en beheersen.

In feite was dit de lesmethode zelf. Het doel was, om het vermogen om te bewegen tussen de eerste en de tweede attentie te verwerven. Hun oude leraren gaven hen direct informatie, maar het was informatie die onaanvaardbaar was voor de rede, en daarom afgewezen door de eerste aandacht. Dus werd de informatie aan hen gegeven terwijl ze in de tweede aandacht waren en werd daar opgeslagen.

De leraren in de groep van don Juan Matus waren in staat om de aandacht van de studenten te beheersen. Ze waren in staat om op een of andere manier de assemblagepunten van veel studenten tegelijkertijd naar exact dezelfde plek te verplaatsen. Door dit te doen, zetten ze de studenten op een levenslang traject van opnieuw leren van alle informatie die ze hadden opgeslagen, waardoor deze informatie in de eerste aandacht werd gebracht. Door te onthouden, zouden ze begrip en beheersing bereiken over de beide zijden van hun bewustzijn, en de totaliteit van zichzelf bereiken. Door deze inspanning leerden ze hun eigen assemblagepunten te verplaatsen en zo hun training af te maken.

* * * * *

Op dit punt in het verhaal, rond het midden van *The Eagle's Gift*, veranderde de stem van Castaneda abrupt. Voordien had het verhaal van Carlos Castaneda en don Juan het over een onzekere en onhandige leerling gehad die ondanks zichzelf vooruit bleef gaan - vol twijfels en vragen. Toen Castaneda zijn andere zelf herinnerde met de hulp van La Gorda, veranderde de toon van zijn stem.

Hij kon nu de volledige omvang van de taak van leren en onthouden zien, die don Juan Matus voor hem had achtergelaten. Hij herinnerde zich en begreep de historische informatie die don Juan hem gaf over hun gedeelde erfgoed. Hij begon vol vertrouwen te vertellen over de mythe van de manier van leven van de oude tovenaars, en de geschiedenis van tovenarij.

Door een reeks herinneringen uit hun tijd met Matus naar boven te halen, ontdekten Castaneda en La Gorda dat ze met hun acht hedendaagse leerlingen waren samengevoegd, in een poging om een traditionele groep tovenaars te vormen volgens een oude traditie, de Tolteken Traditie genoemd. Ook wel de traditie van 'de oude tovenaars van Mexico' geheten, dit was geëvolueerd naar iets dat de traditie van de 'nieuwe zieners' of de 'mannen van kennis' werd genoemd. Don Juan Matus, Genaro Flores en hun hedendaagse cohorten waren nieuwe zieners. Ze beschouwden zichzelf niet langer als tovenaars, maar ze kwamen voort uit de tovenarijtraditie.

Volgens deze traditie bestond er een enorme periode

van menselijke beschaving op de Amerikaanse continenten, vooral in Mexico, die werd geleid door een groep die Matus de oude tovenaars van Mexico, ofwel de Tolteken noemde. De religie van deze cultuur begon volgens de traditie al 10.000 jaar geleden, en concentreerde zich op de verkenning en manipulatie van de tweede aandacht.

Deze oorspronkelijke Tolteken-beschaving bereikte zijn hoogtepunt in de periode tussen 5000 en 2000 jaar geleden, gelegen rond de Vallei van Mexico. Ze werd toen veroverd door een andere beschaving die niet werd genoemd, maar die mogelijk Maya was. De Toltekenreligie bleef bestaan onder het nieuwe regime, maar werd na verloop van tijd corrupt, zwak en kwetsbaar.

Tovenaars waren altijd al berucht geweest, omdat ze hun kennis gebruikten om hun medemensen te bedwingen en te benadelen. Hoe gammeler de religie werd, hoe meer ze alleen maar bekend werd om de excessen en slecht gedrag. Het overleefde nauwelijks tot aan de Spaanse verovering. Met hun superieure technologie, christendom en inquisitie, jaagden en vernietigden de Spanjaarden alle resterende Toltekentovenaars die ze konden vinden.

Geïsoleerde groepen overleefden de Inquisitie, met strikte nieuwe regels die absolute geheimhouding garandeerden. In leven gehouden in kleine en afzonderlijke groepen, en ondanks moeilijke omstandigheden van onderdrukking, ontstond er een nieuwe, sterkere en beter georganiseerde versie van het oude geloof. Het vermeed en schuwde het gebruik van tovenarij om andere mensen te beheersen of te manipuleren, wat in reactie daarop alleen maar geweld en vernietiging voortbracht. Deze nieuwe versie was de 'nieuwe zieners' of de 'mannen van kennis'. Don Juan Matus' groep waren 'nieuwe zieners'; hun geheime afkomst gaat 27 generaties terug.

* * * * *

In de nieuwe versie van de oude Tolteken-religie leefden groepen leerling-strijders geïsoleerd van andere groepen. Van generatie op generatie werd elke groep verzameld, gesponsord en getraind door een oudere generatie, die ze weerspiegelde in aantal en karakter. De getrainde tovenaars in de oudere groep konden zich vrij bewegen van de ene aandacht naar de andere. Ze konden ook het bewustzijn van studenten manipuleren, door het bewustzijn van de studenten van de eerste naar de tweede aandacht en weer terug te verplaatsen.

Toen ze hun groep leerlingen eenmaal hadden verzameld, manipuleerden de tovenaars de studenten naar de tweede aandacht en gaven vervolgens direct en snel hun lessen, die werden opgeslagen in de tweede aandacht van de studenten.

De studenten keerden terug naar de eerste aandacht, waar al het onderwijs was vergeten. De oudere generatie verliet vervolgens de wereld, hetzij door te sterven of in de derde aandacht te komen. De jongere studenten verspreidden zich en moesten elkaar weer vinden tijdens de eerste aandacht. Ze moesten elkaar helpen herinneren wat ze van hun leraren hadden geleerd in de tweede aandacht, zoals Castaneda en La Gorda hadden gedaan. Op deze manier liet de eerste aandacht toe dat in de tweede aandacht kon worden herinnerd en gedroomd.

Zodra de tweede aandacht, het andere zelf, ontdekt en geïntegreerd is in de eerste aandacht, kan de man of vrouw die dat heeft bereikt toegang krijgen tot de totaliteit van zichzelf, en 'rechtstreeks naar de herinneringen van onze verlichting gaan met onpeilbare resultaten'.

De herinneringen aan onze luminositeit kunnen familie-, tribale en raciale herinneringen bevatten die al generaties lang worden doorgegeven. Omdat herinneringen opgeslagen kunnen worden in posities van het assemblagepunt, kunnen ze generaties lang onbewust overgedragen worden door het proces van dromen, samen met ouders en ouderlingen. Het assemblagepunt selecteert en brengt niet alleen de waarneming samen, maar slaat de waarneming ook op. Herinneringen worden bewaard op precieze posities van het assemblagepunt en kunnen onbewust generaties lang doorgegeven worden.

* * * * *

Door hun interactie met de strijders van de oudere generatie in de tweede aandacht, krijgen leerlingen een 'richel om op te staan' in het onbekende. Een kleine buitenpost van het andere zelf wordt gecultiveerd en op zijn plaats gehouden 'door het opzettelijk te vullen met herinneringen aan interactie. De herinneringen worden vergeten, om op een dag opnieuw op te duiken, om als een rationele buitenpost te dienen van waaruit ze kunnen verdergaan naar de onmetelijke uitgestrektheid van het andere zelf.'

Tegen het einde van *The Eagle's Gift* herontdekte Castaneda de 'richel om op te staan' die zijn leraren hem hielpen construeren. Hij herinnerde zich ook alle gebeurtenissen die leidden tot het uiteengaan van de jonge groep strijders waarmee hij studeerde. Die leerlingen werden nu zonder leider achtergelaten en Castaneda ging zijn eigen pad, afgescheiden van hen.

COCONS EN FILAMENTEN

Castaneda's zevende en achtste boek, *The Fire from Within* en *The Power of Silence*, werden gepubliceerd in 1984 en 1987. In deze twee boeken gaf Castaneda eindelijk een duidelijke samenvatting van de filosofie aan de basis van zijn schrijven.

Dit was ongeveer 25 jaar na zijn eerste ontmoeting met Matus (in 1960), meer dan 16 jaar nadat zijn eerste boek werd gepubliceerd (1968), en meer dan een decennium nadat zijn leertijd bij Matus eindigde in 1973.

Het kostte hem al die tijd en moeite om dit punt te bereiken. Bij het ontrafelen van deze filosofie onthulde hij eindelijk een diepe consistentie die al zijn eerdere geschriften opnieuw definieerde en verduidelijkte. Vragen over de waarachtigheid en oorsprong van zijn verhalen bleven bestaan, maar de lacunes van inconsistentie en incoherentie waren afgesloten. Voordien konden critici zeggen, feit ofwel fictie, dat het niet logisch was. Hierna moesten ze toegeven dat het wel logisch was, hoewel de vraag bleef of het nou feit, fictie of gestolen goed was.

Ik heb een uitleg gegeven in het vierde hoofdstuk, *Universal Power,* om de bedoeling van dit boek uiteen te zetten. Voor lezers, zoals ik, die de boeken één na de ander lazen in de volgorde dat ze werden gepubliceerd, kwam de uitleg pas op dit moment. Voordat dit punt werd bereikt, is het begrijpelijk dat Castaneda door velen beschouwd werd als weer zo'n exhibitionistische schrijver uit de jaren 60 en 70 van de vorige eeuw, die hallucinogene pseudofilosofie van het nieuwe tijdperk poogde te verkopen.

The Fire from Within en *The Power of Silence* vormen samen het totaal van don Juan's leer tot zover Castaneda het had begrepen, namelijk niet volledig. Castaneda gaf toe dat zijn prestatie ontoereikend was, en in zijn verdere werken ging dat zo door tot het einde toe.

* * * * *

De mens heeft twee soorten van bewustzijn, zei Castaneda opnieuw: de rechter- en linkerkant. Dit weerspiegelt de manier waarop het universum is verdeeld in het bekende en het onbekende. De lessen van Matus waren daarom ook in tweeën verdeeld: lessen voor de rechterkant en lessen voor de linkerkant. Lessen voor de rechterkant waren acceptabel voor onze rede, terwijl lessen voor de linkerkant dat niet waren.

Onderwijs voor de rechterkant werd gegeven met Castaneda in zijn normale bewustzijnstoestand. Over die lessen is geschreven in de eerste zes boeken.

Matus had het vermogen om opzettelijk Castaneda's bewustzijn te dwingen om van de ene naar de andere kant te switchen. Iedere keer als Don Juan iets wilde

CASTANEDA DOORGRONDEN

demonstreren of uitleggen dat niet door Castaneda's normale rationele zelf zou worden geaccepteerd, liet Matus hem naar de linkerkant overspringen. Na de les bracht Matus Castaneda terug naar de rechterkant, waar hij prompt vergat wat hij net had gezien en gehoord. De les bleef echter ergens in de linkerkant verstopt, om later weer opgewekt te worden. Matus organiseerde zijn lessen zorgvuldig, zodat Castaneda de taak kon volbrengen om ze te herinneren nadat de leraar er niet meer was. In dit herinneren onthult Castaneda zijn andere zelf, waarmee hij zijn training voltooit.

Toen zijn leertijd was geëindigd en Matus verdwenen was, bedachten Castaneda en La Gorda samen hoe ze toegang konden krijgen tot de verborgen herinneringen die Matus voor hen in bewaring had gegeven. Ze begonnen zich de lessen voor de linkerkant te herinneren.

Castaneda realiseerde zich toen, eindelijk, dat hij in zijn jaren als stagiair een groep van 16 mensen had die hem les hadden gegeven in de linkerkant. Ze noemden zichzelf geen tovenaars, of noemden hun leringen tovenarij; in plaats daarvan leerden ze 'drie aspecten van een oude kennis die ze bezaten onder de knie te krijgen: bewustzijn, besluipen (stalking) en intentie. En zij waren geen tovenaars, zij waren zieners.'

Ze kwamen voort uit een traditie met als oorsprong wat ze 'oude tovenarij' noemden, maar na verloop van tijd evolueerde die traditie van tovenarij naar iets moderners.

Matus beschreef de menselijke geschiedenis vanaf de linkerkant en vertelde over een 'eeuwenoude keten van kennis die zich uitstrekte over duizenden jaren... eeuwen voordat de Spanjaarden naar Mexico kwamen.' De mannen en vrouwen van deze traditie wisten hoe ze het bewustzijn van andere mensen moesten 'fixeren', en die 'geheime kennis' gebruikten om hun samenlevingen te domineren.

Deze machtige tovenaars beheersten de volkeren van het oude Mexico totdat het gebied werd veroverd, eerst door andere inheemse Amerikaanse groepen, vervolgens door de Spanjaarden. De Spanjaarden hebben de resterende tovenaars systematisch uitgeroeid. Alleen kleine verspreide groepen overleefden. Ze richtten afgezonderde stammen op om in het geheim de oude kennis en tradities te bewaren, maar beschouwden het algehele oude geloofssysteem als mislukt. Ze gaven zichzelf een nieuwe naam: de 'nieuwe zieners'.

In nog een andere progressieve herdefinitie van termen definieerde Castaneda toverij als het vermogen om andere mensen te dwingen hun bewustzijn te veranderen met behulp van geheime kennis. De oude tovenaars gebruikten deze krachten om hun samenlevingen te domineren en te onderdrukken. De nieuwe zieners hadden deze vermogens nog steeds, maar gebruikten ze alleen om anderen te helpen vrijheid te verkrijgen.

Meer dan tien jaar na het vertrek van Matus schreef Castaneda dat hij steeds dieper was gegaan in zijn geheugen, tot het punt waarop hij zich de basisleer die hij van Matus had gekregen kon herinneren en ophalen. Hij noemde dit 'beheersing van het bewustzijn'. In de tweede aandacht kreeg hij toegang tot de totaliteit van zichzelf.

Vrij kunnen bewegen van de eerste naar de tweede aandacht en weer terug is de kunst van bewustzijn, die de totaliteit van iemands zelf beschikbaar en toegankelijk maakt.

Tot op dit punt beweerde Castaneda voortdurend dat zijn werk en ervaringen echt waren, zoals hij ze in de loop van de tijd waarnam. Maar omdat zijn begrip en waarneming onvolledig was, leek zijn weergave van gebeurtenissen willekeurig georganiseerd, met onsamenhangende chronologieën en geen waarneembare basis filosofie. Zijn verhaal kon met recht worden bekritiseerd als zijnde vol inconsistenties en contradicties met betrekking tot tijd en locaties, ongeacht of het als feit of fictie werd beschouwd. Maar toen hij eenmaal de totaliteit van zichzelf had bereikt, kon alles voor de eerste keer in één klap worden vastgelegd. Terugkijkend op zijn werk vanuit dit gezichtspunt zijn er geen inconsistenties.

De kennis die hem door de nieuwe zieners was aangeleerd, omvatte de controle van het bewustzijn, de kunst van het besluipen en het beheersen van de intentie.

De controle van bewustzijn ging over de twee zelven en de twee soorten gewaarzijn, en hoe ze na een niet genoemde worsteling werden geïntegreerd door het geheugen, zodat de totaliteit van het zelf werd gerealiseerd. De kunst van het besluipen ging over het gedrag om opzettelijk en op een harmonieuze manier de stroming van gewone gebeurtenissen en percepties bij normaal bewustzijn te verbreken. De beheersing van de intentie ging over het ontdekken en koesteren van onze verbinding met de 'geest', de stroming van universele bewuste energie, totdat het kon worden opgeroepen en gebruikt wanneer we maar wilden.

Castaneda zei dat hem het volledige college voor alle drie de onderwerpen in de tweede aandacht was overhandigd. Hij was erin geslaagd om het eerste te onthouden, het meesterschap van bewustzijn, maar heeft nooit de andere twee sets lessen in zijn geschreven werk ontsluierd en verhelderd: de kunst van het besluipen en het beheersen van de intentie.

Zijn falen in het beheersen van de kunst van het besluipen verklaart waarschijnlijk de onhandige presentatie van zijn verhaal als autobiografie. Castaneda beoogde hoogstwaarschijnlijk de impact en intensiteit van zijn afbeelding van de oude tovenaars belangrijker te maken, door zichzelf en andere tijdgenoten in het verhaal te integreren. Hij wilde een waarheid onthullen die niet tot zijn recht zou zijn gekomen in een droog proefschrift.

Uiteindelijk slaagden zijn pogingen om de oude traditie van tovenarij en magie tot leven te brengen slechts gedeeltelijk. Het lukte hem niet in om te bereiken wat volgens hem de maximale kwaliteiten waren van een succesvolle besluip manoeuvre: onbarmhartigheid, sluwheid, geduld en lief zijn. Hij was niet meedogenloos genoeg met zijn eigen gewoonten en persoonlijke kenmerken om zijn eigen geschiedenis te zuiveren. Als hij zijn eigen verhaal er uit had gelaten, of zijn persoonlijke geschiedenis smetteloos had gehouden, was hij er misschien in geslaagd om de mythe van don Juan Matus beter neer te zetten. Het zou niet uit moeten maken of don Juan echt heeft bestaan, net alsof het er niets toe doet of Achilles echt heeft bestaan, maar het maakt wel uit.

Don Juan heeft herhaaldelijk aan Castaneda uitgelegd dat er twee basistypen van tovenaars waren. Het ene type zocht avontuur, inclusief de macht over anderen, terwijl het andere type vrijheid zocht zonder het beïnvloeden van anderen. Volgens Matus waren vrijwel alle tovenaars uit de oudheid avontuurlijke types, en de meesten van hen hadden zelfs nooit nagedacht over het zoeken naar vrijheid van de nieuwe zieners. Matus en zijn groep waren allemaal nieuwe zieners die zich bezighielden met individuele vrijheid. De eigen leraar van Matus, Julian Osorio, was een avonturier-tovenaar die nooit heeft leren zien, en misschien wel de dood van een normale man is gestorven. Matus dacht dat Castaneda veel gemeen had met Osorio en de oude tovenaars.

* * * * *

De volledige en definitieve versie van de beheersing van het bewustzijn werd geleidelijk ontwikkeld in *The Fire from Within*. Vervolgens, in de inleiding tot *The Power of Silence*, gaf Castaneda een formele samenvatting '*... de beheersing van het bewustzijn, wat de hoeksteen van al zijn lessen was, en die de volgende basisprincipes inhielden:*

1. Het universum is een oneindige agglomeratie van energievelden, die op draden van licht lijken.

2. Deze energievelden, de uitstralingen van de adelaar genoemd, stromen uit een bron van ondenkbare proporties, die metaforisch de Adelaar wordt genoemd.

3. Mensen zijn ook samengesteld uit een talloos aantal van dezelfde streng-achtige energievelden. De emanaties van deze adelaar vormen een ingekapselde agglomeratie die te zien is als een bal van licht ter grootte van het lichaam van de persoon met de armen zijdelings uitgestrekt, als een reusachtig lichtgevend ei.

4. Slechts een zeer kleine groep energievelden in deze lichtgevende bal wordt verlicht door een punt van intense schittering op het oppervlak van de bal.

5. Waarneming vindt plaats wanneer de energievelden in die kleine groep die meteen het punt van schittering omringen hun licht uitbreiden om identieke energievelden buiten de bal te verlichten. Aangezien de enige waarneembare energievelden diegenen zijn die worden verlicht door het punt van schittering, wordt dat punt "het punt waar de waarneming is samengesteld" of eenvoudigweg "het assemblagepunt" genoemd.

6. Het assemblagepunt kan worden verplaatst van zijn gebruikelijke positie op het oppervlak van de lichtgevende bal naar een andere positie op het oppervlak, of in het interieur. Omdat de schittering van het assemblagepunt elk energieveld waarmee het in contact komt kan verlichten, verlicht het meteen nieuwe energievelden, waardoor ze waarneembaar worden wanneer het naar een nieuwe positie beweegt. Deze waarneming staat bekend als zien.

7. Wanneer het assemblagepunt verschuift, maakt dit de waarneming mogelijk van een geheel andere wereld - als objectief en feitelijk als degene die we normaal waarnemen. Tovenaars gaan die andere wereld binnen om energie, kracht, oplossingen voor algemene en specifieke problemen te vinden, of om het ondenkbare aan te gaan.

8. Intentie is de doordringende kracht die ons doet waarnemen. We worden niet gewaar omdat we waarnemen; het tegenovergestelde, we nemen waar als een resultaat van de druk en intrusie van intentie.

9. Het doel van tovenaars is om een staat van totaal besef te bereiken om alle mogelijkheden van waarneming te ervaren die voor de mens beschikbaar zijn. Deze staat van bewustzijn impliceert zelfs een alternatieve manier van sterven.'

* * * * *

De kracht of de energie in de bewustzijns-filamenten, die de basiselementen van het universum zijn, is voor ons niet te bevatten. Het dichtst kunnen we komen tot het begrip van die energie is door het te zien als de intentie van het universum. Op de een of andere manier geeft het uitdrukking aan het doel van het universum. Die filamenten kunnen ook de opdrachten, de bevelen, van het universum worden genoemd. Ze geven ons de opdracht te zijn, en bevelen ons om waar te nemen; in feite besturen ze alles overal.

De intentie van het universum dwingt ons waar te nemen. Ons hele bestaan en ons zijn wordt bepaald door de opdrachten van de energiestrengen, die de intentie van het universum uitdrukken. De intentie van het universum creëert de cocon en vult deze met energie, en plaatst dan het assemblagepunt op zijn plek op het oppervlak van die cocon, en geeft het wezen de opdracht om op die positie waar te nemen.

De waarnemer leert het assemblagepunt stevig en gestaag vast te houden op dat punt en te voorkomen dat het van plaats verandert. De resulterende opstelling produceert een wezen dat in een wereld leeft. Dat wezen ontwikkelt zijn of haar eigen intentie en identiteit, die zijn eigen doelstellingen nastreeft en vergeet waar het vandaan komt, en waarom, en zelfs dat het verbonden is met het doel van het universum.

Tijdens dromen verplaatst het assemblagepunt zich van zijn vaste plek en beweegt heen en weer. Degene die droomt, kan niet bepalen waar het assemblagepunt in eerste instantie naartoe gaat. Hij of zij kan van plan zijn de op elke nieuwe positie aangetroffen energie op één lijn te brengen en op die nieuwe plek stabiel te houden. Als deze nieuwe plek ver genoeg van de vorige plaats verwijderd is, zal de magie van de waarneming tegelijkertijd een nieuwe wereld en een nieuwe waarnemer samen openbaren. Er ontstaat een wezen in een andere wereld.

Vanuit onze optiek is het onmogelijk te zeggen waar die andere wereld is. Het kan in het oneindige zijn, of aan de andere kant van het universum, of vlak naast ons in een andere dimensie. Het kan eigenlijk alleen maar juist worden aangeduid dat die andere wereld zich op precies die positie van het assemblagepunt bevindt. Het universum heeft vele miljarden posities waar assemblagepunten strengen van bewustheidsenergie kunnen samenstellen. Op elke positie waar een bepaalde selectie van ontelbaar vele energiestrengen wordt verzameld, is waar die wereld is, en dat wezen, en die gebeurtenis. Om terug te keren naar die wereld en die gebeurtenis, is het noodzakelijk om terug te keren naar precies die locatie van het assemblagepunt.

Vanuit het gezichtspunt van de dromer is hij in een andere wereld geweest, ergens daar in de oneindigheid, door zijn of haar verbinding met het universum, dat zijn of haar assemblagepunt is, door nieuwe strengen van energie uit te lijnen die zich uitstrekken tot de oneindigheid. De start van de dromer was ook ergens in het oneindige en er moet naar worden teruggegaan door het vinden van de exacte positie van het assemblagepunt waar onze normale wereld bestaat.

De ervaringen opgedaan in de nieuwe positie van het assemblagepunt worden daar opgeslagen. Herinneringen en informatie worden vastgelegd op zeer nauwkeurige posities van het assemblagepunt. Eenmaal opgeslagen, kan de dromer later terugkeren naar dat punt en die ervaring opnieuw beleven zoals eerder gebeurd, en toegang hebben tot de kennis daar.

* * * *

Wanneer een dromer nieuwe werelden begint te verkennen, door nieuwe posities van het assemblagepunt te bereiken, komt hij op een pad, dat bekend is bij andere ervaren dromers. Er zijn mijlpalen op de vroege delen van het pad die alle dromers noodzakelijkerwijs passeren. Er zijn verschillende proximale posities die hij of zij in het begin van hun waagstukken zal tegenkomen. Een van deze eerste bestemmingen is de positie van de vorm van de mens.

De vorm van de mens is een entiteit, noch mannelijk noch vrouwelijk, die de levenskracht in menselijke vorm vormt. Elk soort van leven heeft een vorm, die bestaat op een positie van het assemblagepunt in de buurt van degene die normaal wordt gebruikt. De vorm van de mens kan worden aangetroffen wanneer het assemblagepunt verschuift, ofwel in dromen of als gevolg van ziekte, schokken, of een andere gelegenheid wanneer we voldoende kracht hebben. We zien het allemaal op het moment van de dood, wanneer onze levensenergie weg is en we ons verzamelpunt niet langer vast kunnen houden en onze waarneming kunnen beheersen. Het verschijnt als een 'stralend, stralend wezen'.

Volgens Matus is de vorm van de mens een groepering van emanaties in de band van elke man en vrouw. Het is 'het deel van de emanaties van de adelaar dat zieners direct kunnen zien zonder enig gevaar voor zichzelf.'

De mal werd gezien door de oude tovenaars en werd door vele mystici gedurende de hele menselijke geschiedenis gezien. Volgens Matus zagen de oude tovenaars het als een beschermer of een vriendelijke geest die gunsten, bescherming of krachten kon verlenen. Mystici zagen de vorm van de mens en interpreteerden het verkeerd als zijnde onze god.

Als we in zijn aanwezigheid zijn, laat ons egocentrisme ons onze meest gekoesterde kenmerken er op projecteren: liefde, vergeving, charisma, begrip, rechtvaardigheid, waarheid. In vergelijking met deze projectie voelen we onszelf als onwaardig, gemeen, zondig en slecht.

De mystieke ervaring, waarbij men de vorm van de mens ontmoet, is een toevallige ontmoeting die wordt veroorzaakt door een willekeurige beweging van het assemblagepunt. Het is een one-shot-affaire, waarna de mysticus zich de visie en gevoelens van ontzag en eerbied herinnert, en veronderstelt dat hij in de aanwezigheid was van de god van de mensheid. Eén korte visie van dit soort kan resulteren in een leven van nostalgie.

De nieuwe zieners zorgden ervoor de mal vele malen te kunnen zien. Door het herhaaldelijk te zien, besloten ze dat het geen god is. De vorm heeft geen kracht om iets anders te doen dan ons als mensen te maken. Het kan ons niet belonen of straffen, of op enigerlei wijze iets doen in onze naam. Het is simpelweg een patroon van energie dat menselijke kwaliteiten op bewustheidsenergie stempelt, als een dobbelsteen die menselijke wezens reproduceert. Maar we zijn niet uit het niets gecreëerd door de mal, en het kan ons op geen enkele manier begunstigen of ons helpen.

Om hun assemblagepunten vrij te maken voor verdere verkenning, hebben de nieuwe zieners de vorm opzettelijk vele malen bekeken om te zien wat het werkelijk is. Als onderdeel van dat bevrijdingsproces, wordt de kracht die de mal gewoonlijk in het lichaam achterlaat, de menselijke vorm genoemd, losgemaakt. Nadat de menselijke vorm is verdwenen, kan de ziener naar zichzelf en zijn percepties kijken met grotere emotionele afstand, wat zijn vrijheid vergroot.

* * * * *

Wanneer de intentie van de energie in de cocon zich richt op de energie van buitenaf, wordt deze voor korte tijd afgestemd op universele intentie. Door herhaling raakt de intentie in de cocon bekend met de intentie van het universum, zodat de intentie van het universum onze intentie kan worden. Wanneer iemands intentie samensmelt met universele intentie, of zijn of haar assemblagepunt dat opdraagt, kan hij of zij dan ergens volgens plan heen gaan. Matus zegt: 'ons bevel wordt dan het bevel van de arend.'

Tijdens zijn of haar leven kan een tovenaar - gedefinieerd als iemand die zijn assemblagepunt met zijn wil kan verplaatsen - het geleidelijk in zijn cocon rond bewegen om uiteindelijk alle energie in de cocon die zich in de band van de mens bevindt, te raken en op te lichten. Zodra dit is voltooid, wordt de hele cocon in een flits van binnenuit verlicht, en wordt het een enorme geleider van gekanaliseerde energie. Het wezen gaat de derde aandacht binnen, wat een alternatieve manier van sterven betekent.

In onze huidige monotheïstische religies is er een manier van sterven, met twee paden na de dood. Een persoon sterft en wordt vervolgens door God veroordeeld en gaat voor eeuwig naar de hemel of de hel. In de theologie van Castaneda is er geen god om ons te onderwijzen en te beoordelen; er is geen hemel of hel, of kwaad.

Volgens Castaneda is het mogelijk om op twee

manieren te sterven, en het is ook mogelijk om het bestaan op verschillende manieren te verlengen.

Je kunt sterven in de eerste aandacht, waar de elementen die verzameld zijn door de levenskracht simpelweg scheiden en naar het onbekende afdrijven, alsof ze nooit samen waren geweest.

Als alternatief, na een leven lang de tweede aandacht te hebben onderzocht, kan men in de derde aandacht gaan door 'van binnenuit te verbranden'. Don Juan zei dat hij er zeker van was dat duizenden zieners dit volbrachten en een 'definitieve reis' begonnen, hun levenskracht houdend, met oneindigheid als hun nieuwe leefruimte. Hij geloofde dat hun bewustzijn zou blijven bestaan zolang de aarde bestond, en dat ze zouden sterven als de aarde zou sterven.

Een nog groter aantal tovenaars echter, waaronder bijna alle oude tovenaars van Mexico, stierf ook niet, volgens Matus. In plaats daarvan kwamen ze tijdens het navigeren door de tweede aandacht uit in ruimtes die aantoonbaar erger zijn dan de dood. Vanwege misleide pogingen om hun leven te verlengen, zijn de meesten van hen uiteindelijk ergens in de oneindigheid verloren gegaan, gekidnapt of opgesloten.

* * * * *

Zich wagen in het onbekende is een uitdaging voor de mens, en Castaneda zei dat het doel van het leven is om het bewustzijn te verrijken door delen van het onbekende op te nemen in het gebied van het bekende. Dit brengt ons dicht bij de intentie van het universum om zichzelf te kennen. Nieuwe soorten waarneming brengen ook nieuwe energie.

Matus zei dat zijn systeem het beste antwoord gaf op 'de vraag die altijd de mens achtervolgde: het doel van ons bestaan'. Onze rationaliteit kan hier geen antwoord op geven zonder een sprong in een zwart gat. Volgens Matus geeft het universum actief bewustzijn aan bewuste wezens, zodat de bewuste wezens het bewustzijn tijdens het proces van het leven kunnen verbeteren, en dan het bewustzijn in een verbeterde toestand terug kunnen geven aan het universum. De reden voor het bestaan is om het bewustzijn te vergroten namens het universum.

Matus zei dat dit een feit is waarvan we getuige kunnen zijn, niet alleen een geloof. De traditionele Mexicaanse tovenarij interpretatie is om 'de adelaar' als een schicht te zien, een geprojecteerd beeld van de gever van bewustzijn, die bewustzijn geeft aan wezens bij de geboorte en vervolgens het verhoogde bewustzijn 'eet' wanneer het wezen sterft.

Een universele kracht verleent een oerbewustzijn aan bewuste wezens. Het trekt dat bewustzijn voortdurend terug naar zichzelf terwijl het bewustzijn tijdens het leven wordt verrijkt en versterkt. Het levende wezen weerstaat deze aantrekkingskracht tijdens het leven totdat het uitgeput is en de universele kracht het levende wezen desintegreert en het bewustzijn weer herstelt, versterkt door de ervaringen van dat leven. Op het moment van de dood worden alle ervaringen van het leven losgelaten van waar ze waren opgeslagen, en het universum eist dan het bewustzijn op als voedsel.

Matus is het niet eens met de Evolutie Theorie van Darwin. Hij zegt dat soorten niet evolueren omdat toevallige mutaties zich voordoen die voordelig blijken te zijn en vervolgens permanente veranderingen worden. Individuele wezens veranderen tijdens hun leven door bewustzijnsverbreding. Een verandering in bewustzijn is een verandering van de positie van het assemblagepunt, wat een verandering van het zijn inhoudt. Evolutionaire veranderingen van soorten zijn een kwestie van de hele soort opzettelijk een nieuwe positie van het assemblagepunt kiezen, nadat individuen de weg had

10

CONSERVATIEVEN EN LIBERALEN

Het is onmogelijk om te weten hoe we ons assemblagepunt oorspronkelijk fixeerden, omdat het gebeurde voordat we taal of gedachten hadden. We kunnen ons echter bewust worden van hoe we het op één plek kunnen laten blijven. We fixeren en houden het vast door een constante interne dialoog, dat een proces is van het opdringen met onze gedachten en gewoonten van onze eigen voortdurende levensgeschiedenis. Het grootste deel van dit proces is een eindeloos gebrabbel van gedachten, dat autonoom wordt; we doen het zonder ons ervan bewust te zijn. We kunnen het niet stoppen met bewuste inspanning, omdat die inspanning uit meer gedachten bestaat.

Omdat het assemblagepunt op één plaats wordt gestabiliseerd door een proces van innerlijke dialoog en taal, is het smoren van die interne dialoog de manier om het los te maken van zijn gebruikelijke positie op de cocon. Dit is de stilte waar Castaneda naar verwijst in de titel, *The Power of Silence*. Als we ons assemblagepunt willen vrijmaken van de plek die we gewend zijn, moeten we interne stilte bereiken.

*****

Er zijn twee soorten kennis: onze alledaagse kennis die voortkomt uit het gebruik van taal en rede, en stille kennis die los van taal bestaat. In de loop van de geschiedenis van de mensheid op aarde, waarvan de wetenschap zegt dat het wel een miljoen jaar is, was het assemblagepunt niet altijd op de plek die het nu inneemt. De huidige vorm van interne dialoog die we gebruiken om onze moderne positie te behouden, is een relatief recente ontwikkeling in de menselijke geschiedenis. De mensheid is geleidelijk overgegaan van een plek van stille kennis naar een plek van rede. Op een kritiek punt, zeer recentelijk vergeleken met de algehele tijd van de mensheid op aarde, werd stille kennis opgegeven en werd deze overgenomen door rede en taal.

We hebben nog steeds beide delen in ons wezen. Een deel is 'extreem oud, op zijn gemak, onverschillig. Het was zwaar, donker en verbonden met al het andere... Het was overal gelijk aan. Het genoot van dingen zonder verwachting.' Dit oudere deel van de mens had geen taal nodig; het bestond ruim voor het tijdperk gedomineerd door rede, en door denken en schrijven in taal.

De oudere kant van de mens wist dingen waar we geen toegang meer toe hebben. Kennis en taal zijn gescheiden; we hebben nog steeds stille kennis, maar ze is verborgen. Het wordt overstemd door het gebabbel en geschreeuw van onze interne dialoog. We hebben er geen toegang toe met behulp van taal; we kunnen er alleen maar naar verwijzen. Naarmate we onze taal ontwikkelden en het gebruik ervan uitbreidden, verloren we de toegang tot het enorme rijk van stille kennis. Elke rationele poging die we doen om de kloof te overbruggen vergroot het.

Het moderne rationele deel van de mens is 'licht, nieuw, luchtig, geagiteerd. Het is nerveus, snel'. Volgens Castaneda, zou het oude deel van de mens een wildernis of een leeg veld beschouwen en het niet willen veranderen, terwijl de moderne mens rijen met planten zou willen cultiveren om mensen te voeden, of er iets op te bouwen.

De oermens wist wat hij moest doen zonder na te denken, niet om zichzelf te onderscheiden van de natuur. Gaandeweg kwam het idee van een individueel zelf naar voren, zodat hij zijn daden kon plannen en organiseren. Dit individu ontwikkelde eerst de gesproken en later de geschreven taal. Geleidelijk werden zijn gedachten, gesproken en geschreven woorden gebruikt om 'de aard en reikwijdte van de acties van de mens te dicteren'. Taal werd gebruikt om het scala aan activiteiten en bewustzijn van de mens af te bakenen en te beheersen.

Geleidelijk aan werd het individuele zelf sterker, terwijl de verbinding met de oude stille kennis verloren ging. Door dit verlies van verbinding ontstond er een gevoel van hopeloosheid, dat vervolgens een nieuwe mentale activiteit begon om het zelf te versterken of te repareren, om het gevoel van verbinding te herstellen. Omdat het gebaseerd was op rede, resulteerde deze verdere mentale activiteit in een verder verwijderen van de organische stille kennis van het individuele zelf.

De moderne mens heeft tegenwoordig een obsessieve zorg voor zichzelf. Hij heeft het assemblagepunt verplaatst naar een extreme positie. Wat eigenbelang betreft is de moderne mens verplaatst naar een positie, waar de meest extreme uitingen van zelfbehoud zijn bewustzijn domineren. Er zijn extrinsieke redenen voor deze beweging, en het is een uitdaging voor de mensheid, van buitenaf opgelegd door krachten uit het universum.

Omdat we ons in de meest extreme positie van zelfbetrokkenheid bevinden, een hoogtepunt, kan elke volgende beweging van het assemblagepunt in welke richting dan ook alleen maar een verwijdering betekenen van zelfzorg. Met andere woorden, de uitdaging van de mens in onze tijd is om zijn assemblagepunt te bevrijden door zijn preoccupatie met zichzelf te dimmen.

* * * * *

Rede en stille kennis zijn twee punten. In onze huidige tijd is ons eerste punt de rede. Iedereen is in de buurt van dat punt, maar niet iedereen zit er bovenop; de meeste mensen bevinden zich ergens tussen rede en stille kennis. Degenen die precies op het punt van verstand staan, zijn de ware leiders van de mensheid. Volgens Matus zijn dit over het algemeen onbekende mensen die grote aanleg hebben om de exacte positie van het assemblagepunt te bereiken en te begrijpen. Ze beïnvloeden vervolgens het hele cohort, dat het gehoor van de leider vertegenwoordigt.

In een eerder tijdperk ging het eerste punt over stille kennis, en de ware leiders stonden precies op dat punt. De mensheid heeft de overgrote meerderheid van haar geschiedenis doorgebracht aan de kant van stille kennis, wat onze grote nostalgie daarover verklaart.

Het is alleen door precies op een van beide posities te komen - rede of stille kennis - dat men de andere positie duidelijk kan zien. Zo ontstond het tijdperk van de rede.

'De positie van de rede werd duidelijk gezien vanuit de positie van stille kennis.'

Het doel van don Juan Matus en de nieuwe zieners is om beide posities aan te raken met behulp van twee eenrichtingsbruggen.

'De eenrichtingsbrug van stille kennis naar rede werd "bezorgdheid" genoemd. Dat is de bezorgdheid die echte mensen van stille kennis hadden over de bron van wat zij wisten. En de andere eenrichtingsbrug, van rede tot stille kennis, werd "puur begrip" genoemd. Dat wil zeggen, de herkenning die de redelijke mens liet zien dat rede slechts één eiland was in een eindeloze zee van eilanden.'

* * * *

De inhoud en aard van waarneming worden bepaald door de positie van het assemblagepunt. In onze tijd is de normale positie van assemblage de positie van extreme zelfbetrokkenheid. Volgens Matus zijn zelfreflectie, eigenbelang, zelfmedelijden en eigendunk vrijwel hetzelfde. Ons eigenbelang is de belangrijkste kracht die het assemblagepunt fixeert.

Omdat we ons in de meest extreme positie van eigendunk bevinden, zal elke vorm van beweging van het assemblagepunt een verwijdering zijn, weg van zelfmedelijden. Daarom is het beperken van zelfbetrokkenheid de manier om de positie het assemblagepunt los te maken. Door bewustwording van ons eigenbelang kunnen we de energie vrijmaken die daarvoor is gebruikt. Zodra het assemblagepunt is losgemaakt, zal het zichzelf verplaatsen naar een andere positie, weg van zelfmedelijden en eigenbelang.

De beweging van het assemblagepunt wordt gedefinieerd als toverij. Als we onze eigendunk verlagen, gaat het assemblagepunt bewegen. Waar het naartoe beweegt, wordt bepaald door universele intentie. Dit is een werkelijke kracht die zich bevindt binnenin de filamenten van het universum waarmee alle wezens verbonden zijn. We kunnen het niet zien, maar net als zwaartekracht en het elektromagnetisme, die ook onzichtbaar zijn, bestaat universele intentie werkelijk.

Het assemblagepunt kan per ongeluk worden verplaatst door ziekte, oorlog, honger, liefde, haat en mystiek, maar elke nieuwe positie die per ongeluk is bereikt, kan niet worden volgehouden.

Matus kon bewust zijn eigen assemblagepunt en dat van anderen verplaatsen. Hij kon het assemblagepunt van Castaneda tijdelijk bevrijden van zijn gebruikelijke plaats, en het beïnvloeden om naar een andere positie te gaan, om Castaneda over andere locaties te kunnen instrueren. Door het assemblagepunt te verplaatsen, wordt de energie vrijgegeven die wordt gebruikt om het assemblagepunt stabiel te houden.

Bewegingen van het assemblagepunt kunnen groot of klein zijn. Het kunnen ook heel kleine bewegingen zijn en 'geïsoleerde eilanden van percepties' worden, die herinneringen zijn, zowel individueel als gedeeld. Informatie wordt opgeslagen op eilanden van waarneming. Menselijke interacties zijn magische gebeurtenissen, die plaatsvinden wanneer strengen van twee of meer lichtende wezens op elkaar inwerken en verstrengelen. Het universum bestaat uit ontelbare posities van het assemblagepunt, waar bewustzijnsenergiesnaren worden gecombineerd. Gebeurtenissen in ons leven zijn 'ervaringen in de complexiteit van bewustzijn'.

Levenservaringen worden opgeslagen en kunnen

opnieuw worden opgezocht door middel van terugbrengen van de assemblage naar die precieze positie. Hierdoor worden de ervaringen opnieuw beleefd. Veel gebeurtenissen uit de kindertijd zijn normaal gesproken vergeten, maar kunnen opnieuw verschijnen en opnieuw worden ervaren in grote intensiteit en detail. Tijdens psychotherapie is het doel vaak om een vergeten gebeurtenis met onopgeloste conflicten of stress te herroepen; om het te herbeleven en daardoor het vermogen ervan om voortdurende angst en negatief gedrag te veroorzaken te neutraliseren. Gedurende onze individuele levens bewaren en verbergen we reeksen van ervaringen zodat ze bijna onmogelijk opnieuw kunnen worden bezocht.

Juan Matus bracht het idee van psychotherapie tot zijn logische uiterste. Een van de belangrijkste facetten van de tovenaarstraining van Matus is 'de recapitulatie'. Elke leerling moet de tijd nemen, meestal enkele jaren, om elk evenement in zijn vorige leven opnieuw te bezoeken en opnieuw te beleven.

Volgens Matus zendt het lichtende lichaam constant zeer fijne filamenten uit die worden geactiveerd door gevoelens en emoties. Gedurende een interactie met een andere cocon, zendt elke persoon filamenten naar het interieur van de cocon van de ander. Als de interactie niet volledig is opgelost wanneer de cocons weer uit elkaar gaan, laat elke partij filamenten achter in de cocon van de andere betrokken persoon of personen. In dat geval verliezen beide partijen energie aan elkaar.

Als mensen door het leven gaan, verzamelen ze vreemde filamenten in hun eigen cocon. Deze achtergelaten vreemde filamenten zijn emotionele uitdrukkingen van andere wezens die zijn opgedaan tijdens interpersoonlijke conflicten. Ze worden de basis voor intrapersoonlijk conflict, waarbij we intern met onszelf in conflict zijn. Ze zijn de olie op het vuur van onze chronische uitbarstingen van zelfmedelijden en eigendunk. Het langetermijneffect van deze uitwisselingen is verlies van energie en verlies van vrijheid.

In het recapitulatieproces van Matus worden deze gebeurtenissen in het verleden opnieuw beleefd met een helderheid en intensiteit die groter kan zijn dan wat men tijdens de oorspronkelijke ervaring voelde. Zodra een gebeurtenis in beeld wordt gebracht en opnieuw wordt herleefd, kan de lichtende persoon de filamenten die door anderen zijn achtergelaten weghalen door bewust te ademen. Tegelijkertijd kan het zijn eigen filamenten terughalen die het achterliet in de andere wezens die in die gebeurtenis meedeelden.

Moeders en vaders zadelen hun kinderen over het algemeen op met veel van hun hoop, vrees en verwachtingen, zoveel dat de ouders met werkelijke gaten in hun energielichamen achterblijven. Maar deze kunnen worden gerepareerd en de energie wordt hersteld. Kinderen raken niet gewond door het verwijderen van de strengen van hun ouders uit hun lichtende bollen.

We erven ook eilanden met opgeslagen ervaringen van onze ouders of verzorgers. Toen we nog kinderen waren, was onze interne dialoog nog niet ontwikkeld en ons assemblagepunt bleef vrij bewegen. Door spontaan samen met ouders of verzorgers te dromen, door simpelweg tijd met hen door te brengen, kunnen we hun opgeslagen ervaringen tegenkomen zonder te spreken.

Voorouder-, familie- en stamherinneringen kunnen onbewust worden doorgegeven wanneer lichtende wezens samen dromen. Als baby's zijn onze assemblagepunten helemaal fluïde en zijn nog niet in positie gebracht. Onze ouders of verzorgers kunnen de locaties doorgeven van assemblagepunten, die deel uitmaken van de eindeloze verzameling 'eilanden van perceptie' van het universum. Volgens Matus hebben we door deze verdeling toegang tot vele eilanden met ervaringen uit het verleden van familie, stam, land en zelfs de tovenaars uit de oudheid.

Werken van grote kunst kunnen ook het assemblagepunt verplaatsen. Gedichten, standbeelden, monumenten, muziek en dans kunnen allemaal tot de hoogste vormen van tovenarij behoren. Ze kunnen ons naar een positie brengen van het assemblagepunt waar de kunstenaar of bouwer van op de hoogte is.

Adverteerders, verkopers en politici beoefenen ook vormen van toverij. Onze waarneming kan op een positieve of negatieve manier worden beïnvloed, en we kunnen al dan niet opmerken dat we van de ene positie van het assemblagepunt naar de andere worden verplaatst.

* * * * *

Het vermogen om energie terug te winnen van vroegere bekenden in het recapitulatieproces is een ander voorbeeld waarbij de filosofie van Juan Matus overeenkomt met een bekende kwestie in de moderne natuurkunde.

Matus zei dat we energie kunnen sturen naar en energie kunnen onttrekken aan andere lichtende wezens die zich op onbekende locaties ver weg van elkaar bevinden. Het Principe van Quantum Verstrengeling verklaart dat elektronen op verschillende locaties, schijnbaar niet op enigerlei manier met elkaar verbonden, elkaar tegelijkertijd kunnen beïnvloeden. Dit zou normaal zijn in een universum van oneindige strengen van bewustzijnsenergie.

We zouden een stap verder kunnen gaan en suggereren dat de kwantumsprong zelf, waarbij een waargenomen geëxiteerd elektron van het ene niveau naar het andere springt in plaats van een geleidelijk proces, het resultaat is van de dualiteit van waarneming. Zelfs met behulp van een elektronenmicroscoop bekijken wetenschappers nog steeds gebeurtenissen vanaf de eerste aandacht. Daarom is er een kleine kloof in tijd en ruimte tussen wat wordt waargenomen en de eerder waargenomen rauwe energie van het universum.

En meer in het algemeen: het kan zijn dat de reden waarom licht tegelijkertijd zowel golf als partikel karaktereigenschappen vertoont, ook te maken kan hebben met de eerste en tweede aandacht.

VERLOREN IN EEN DROOM

De verzameling literair werk van Castaneda kan in vier fasen worden verdeeld.

De eerste fase was de vier boeken die werden geschreven tijdens het leven van don Juan Matus en onmiddellijk daarna. Deze vertellen over Castaneda's 13 jaar reizen naar, van en rondom de woestijnen en bergen van Mexico en Arizona met Matus. Deze fase eindigde met Castaneda die de afgrond insprong terwijl Matus uit de wereld verdween. Deze boeken werden voornamelijk vanaf de eerste aandacht geschreven als eenvoudige vertellingen. Castaneda beleefde avonturen, maakte notities en schreef wat hem overkwam in vier boeken.

De tweede fase bestond uit de volgende vier boeken. Geschreven na het verdwijnen van don Juan, vertelden deze het verhaal van de terugkeer van Castaneda naar Mexico, zijn reünie met de overgebleven leerlingen en zijn inspanningen gedurende meer dan een decennium, om de vergeten gebeurtenissen en lessen uit zijn tijd met don Juan op te rakelen. Het onderwerp was het proces van het ontdekken van de tweede aandacht en het herstellen van herinneringen die daarin waren achtergebleven. Het proces van het weer ontdekken van tweede aandacht herinneringen opende Castaneda voor de totaliteit van zichzelf, wat nieuwe betekenis aan zijn vorige leven gaf.

The Art of Dreaming, gepubliceerd in 1993, 20 jaar na het verdwijnen van Matus, is de derde fase. In dit boek beschreef hij zijn laatste avonturen en lotgevallen met Juan Matus in de tweede aandacht, herinnerd door middel van dromen. Deze gebeurtenissen eindigden met een overgang naar de vierde fase van zijn leven en werk, toen hij terugkeerde naar Los Angeles.

* * * * *

In don Juan's filosofie zijn er twee basistypen van tovenaars: dromers en besluipers. Tovenarij is het vermogen om het assemblagepunt te verplaatsen. Dromers bereiken dit, door zich tijdens het dromen bewust te worden van de natuurlijke beweging van het assemblage punt en vervolgens hun bewustzijn te stabiliseren op elke ontdekte nieuwe positie. Besluipers doen dit door hun gedrag systematisch aan te passen, totdat het nieuwe gedrag ervoor zorgt dat het assemblagepunt beweegt.

Castaneda was een dromer en *The Art of Dreaming* is zijn meest complete beschrijving van zijn specialiteit.

Tijdens ons vroege leven leren we ons assemblagepunt te fixeren op een positie die onze ouders ons hebben laten zien en geleerd. Later in het leven laten we het zelden of nooit toe om die voorgeschreven en overeengekomen positie te veranderen. Normaal gesproken zullen we het waarschijnlijk nauwkeuriger op één plek vastzetten, omdat we tijdens ons leven informatie verzamelen die onze focus scherpt en verheldert.

In zeldzame gevallen kan het assemblagepunt worden verplaatst door ziekte of schrikken of andere zware emoties; als dit het geval is, resulteert dit in extreme angst en desoriëntatie, waardoor we snel terugkeren naar onze gebruikelijke positie.

Het is onmogelijk om het assemblagepunt te verplaatsen door een bewust commando, maar het beweegt op natuurlijke wijze tijdens het slapen en dromen. Volgens Matus ontwikkelden de oude tovenaars technieken om te profiteren van die natuurlijke beweging van het assemblagepunt om onze perceptuele vaardigheden boven hun normale capaciteiten te ontwikkelen.

Matus zei dat we het andere zelf kunnen tegenkomen en het dichterbij ons normale bewustzijn kunnen brengen door een verbeterd soort van dromen. Hij instrueerde dit aan Castaneda, die de leercurve beschreef die hij moest doormaken om er goed in te worden. Juan Matus zei, dat dromen de enige lesmethode was die de oude tovenaars hadden ontwikkeld en voorgeschreven, om de tweede aandacht te leren gebruiken en het andere zelf te bereiken.

Hij waarschuwde overigens dat dromen 'het gevaarlijkste element van de kennis van de tovenaars was... pure angst, een ware nachtmerrie'. Het pad van dromen leidde tot ultieme beproevingen voor ontdekkingsreizigers van het bewustzijn. De wereld van dromen is een 'tweezijdig luik' tussen onze wereld en andere werelden.

Eerder in zijn opleiding ontdekte Castaneda dat elke ogenschijnlijk ongedwongen wandeling in de woestijn, of een ontmoeting met een handelaar of een vreemdeling op een stadsmarkt, onmiddellijk kon omslaan in een situatie van leven en dood. Toen hij bij Matus was, was de wereld vol met ongekende krachten.

Tijdens het leren dromen kreeg Castaneda, zodra zijn overtuiging dat dromen gewone gebeurtenissen zijn terwijl we slapen onherroepelijk was verdwenen, te maken met gevaren die 'honderdvoudig versterkt' waren.

* * * * *

Dromen is het enige moment in ons normale leven dat ons assemblage punt loskomt van zijn vaste positie en naar andere locaties verschuift. De filosofie van Matus suggereert dat dit de betekenis en de reden is van de slaap zelf.

Waarom moeten we slapen en dromen? Waarom kunnen we niet gewoon onze ogen sluiten en ons lichaam laten rusten? Waarom moeten we een gedeeltelijk onbewuste toestand ingaan om volledig te rusten? Is het omdat wat we rusten het onbewuste autonome systeem is dat ons assemblagepunt op zijn plaats houdt en ons bewustzijn gefocust houdt? Het handhaven van onze normale evenwichtige staat van bewustzijn vereist een grote inspanning. Zonder het te beseffen, zijn we volledig betrokken bij deze inspanning tijdens al onze wakkere uren. We moeten in een of andere vorm van halfbewuste slaaptoestand zinken om uit die inspanning te rusten. We rusten niet echt totdat het assemblage punt tijdelijk is losgemaakt van het vaste punt. Daarna worden we vernieuwd en kunnen we opnieuw beginnen. Zonder echte slaap worden we gek.

Als onze brabbelende gedachten rustiger worden, slapen we. Ons assemblagepunt komt los en gaat weer naar zijn natuurlijke staat waar het vloeiend kan bewegen. Terwijl het assemblagepunt beweegt, brengt het verschillende groepen van emanaties in lijn met het universum, en dan dromen we. We zijn ons bewust van sommige van onze dromen, maar niet altijd en soms onthouden we ze, maar meestal doen we dat niet.

Naarmate het assemblagepunt dieper in het dromen doordringt, beweegt het zich verder van onze normale gedachten en taal. We betreden het gebied van stille kennis, waar dingen zonder taal worden ervaren en ondervonden. Soms komen we vast te zitten in de ruimte tussen taal en stilte, en willen we praten of het uitschreeuwen, maar er komt alleen lawaai uit. Naarmate we verder uit die staat ontwaken, komt de taal weer terug. Onze gedachten beginnen met het opnieuw opstarten van de taal en de droom verdwijnt uit het bewustzijn omdat het buiten het bereik van de taal valt. Als we de droom niet snel met woorden vatten, is die vergeten. We vergeten dat we gedroomd hebben of onthouden dat we gedroomd hebben, maar vergeten wat de droom was.

Als we onszelf trainen, kunnen we ons geleidelijk aan meer bewust worden van onze dromen terwijl we dromen, en van de overgangen naar en terug van dromen. We kunnen onszelf ook trainen om meer te onthouden. Dit wordt vaak voorgeschreven tijdens verschillende soorten psychotherapie of hypnotherapie, om gevoelens, beelden en symbolen terug te halen, die gebruikt kunnen worden om ons dagelijks gedrag te begrijpen en te verbeteren. Hoewel, volgens Castaneda is dit soort psychologische analyse van dromen echter van beperkte waarde. Het houdt ons gevangen in onze wereld van zelfreflectie. Hij zegt dat het mogelijk is onze dromen te gebruiken om verder te gaan dan dat.

* * * * *

De meesten van ons zijn zich meestal niet bewust van het proces van het in slaap vallen. We zijn ons niet bewust van onze dromen die beginnen en eindigen, en dan worden we abrupt wakker en vergeten we alles, of bijna alles. Om gebruik te maken van dromen, heeft Matus in eerste instantie een driestapsproces aangeleerd aan Castaneda. Hij leerde hem zich bewust te zijn van de overgang van in slaap vallen en het binnengaan van een droom, dan liet hij hem zien hoe de beelden in zijn droom vast te houden, en tenslotte trainde hij hem om de droom te herinneren nadat hij wakker werd. Deze drie stappen vormen wat Matus noemde 'door de eerste poort van dromen gaan'.

Als we wakker zijn, zijn we in de eerste aandacht. Terwijl we slapen en dromen, gaan we dieper in wat Matus 'droomaandacht' noemde. Dit is een tussenstap naar de tweede aandacht en behoort tot het rijk van bewustzijn nadat de eerste poort van dromen is geopend. Het is als een rivier die naar een oceaan leidt, wat de veel grotere tweede aandacht is. Na het passeren van de eerste poort, bevinden we ons in een rivier die leidt naar de tweede poort van dromen. Voorbij die tweede poort is de oceaan, de volledige tweede aandacht.

De eerste aandacht is zich normaal gesproken niet bewust van de tweede. Gewaarwording van bewustzijn dat wordt overgedragen van wakend bewustzijn naar dromen kan alleen maar worden bereikt vanuit de droomaandacht, niet de eerste aandacht. Er zijn geen regels die kunnen worden geformuleerd in de eerste aandacht om dit te doen. Het gebeurt gewoon zo - consequent en herhaaldelijk. De droomaandacht krijgt het geleidelijk voor elkaar via consequente oefening.

In gewone dromen komen we meestal veel losgekoppelde beelden tegen, die niet noodzakelijkerwijs kunnen worden samengevoegd tot een coherent wereldbeeld. We gaan ook niet bewust de droom binnen en worden ons er dan van bewust dat we erin zitten voordat er iets gebeurt. Matus leerde Castaneda pauzeren bij het binnengaan van een droom, om zijn aandacht te rangschikken en de wereld binnen die droom samen te voegen. Dit deed hij door zijn aandacht van onderwerp naar onderwerp in de droom te laten dwalen.

Met herhaalde oefening kan een dromer zich concentreren op dingen in een gedroomde wereld, op dezelfde manier waarop we ons concentreren op zaken in onze wakkere wereld. Hij kan leren om alle gebeurtenissen in een droomwereld te rangschikken, door snel zijn blik te laten gaan van item naar item. Als we dat niet doen, neigt de droomaandacht ertoe om naar alles tegelijk te staren. Als we ons intens concentreren op één ding zal dat object, dat alleen maar energie is, in iets anders veranderen. De droomaandacht moet leren om een roepende te worden, net zoals onze eerste aandacht dat is. Het moet de wereld uitnodigen of oproepen om zich te ordenen in een ordelijke wereld.

Nadat de eerste poort van dromen is gepasseerd, door het leren van deze processen, wordt het mogelijk om een droom binnen te gaan en de beelden stabiel te houden, op dezelfde manier waarop we beelden van onze normale wereld vasthouden. Terwijl we dit doen, is het mogelijk om ons praktische zelf te ontdekken in de droom, die

Castaneda het 'energielichaam' noemt. Dit is een 'spookachtige tegenpartij van het fysieke lichaam'.

Het energielichaam is het andere zelf, of ons dubbel. Het bestaat in het tweede en grotere deel van ons totale bewustzijn, dat wordt gedeeld door het tweestapsproces van waarneming dat ons dagelijks bewustzijn creëert. Dromen is de praktische manier om ons dubbel te bereiken. Het andere zelf, of het energielichaam, is samengesteld, zoals we in het normale bewustzijn zijn, uit energie. Maar het mist de mogelijkheid om massa te hebben en te worden verbonden aan onze normale fysieke wereld.

Castaneda zei dat het hem twee jaar constante oefening had gekost om de eerste poort van dromen te passeren, waarop hij zich bewust werd van in slaap vallen, beelden in dromen vasthouden en zijn bewustzijn in zijn energielichaam kon laten binnendringen. Daarna bestonden zijn droomoefeningen uit verdere training om het energielichaam te ontwikkelen en te gebruiken. Het moet precies worden afgestemd zodat het een mate van controle krijgt over de droomaandacht, om het te laten stoppen en naar behoefte terug te keren naar het normale bewustzijn.

Het ontwikkelen en gebruiken van het droomvermogen hangt uiteindelijk af van hoe we onze energie gebruiken tijdens onze wakkere uren. We hebben een beperkte hoeveelheid energie beschikbaar voor ons in ons lichtend wezen. Op elk willekeurig moment, op welk niveau we ook handelen en waarnemen, we gebruiken altijd al onze beschikbare energie. We regelen al onze energie om onze wereld en identiteit te behouden door ons assemblagepunt gestaag in één positie te houden, door onze gedachten, gewoonten en daden. We hebben geen extra energie, tenzij we onze gewoonten en gedachten opnieuw ordenen en ontdoen van onnodige obsessies.

Om de energie beschikbaar te hebben voor het ontwikkelen van ons droomlichaam en het verkennen van werelden toegankelijk gemaakt tijdens het dromen, moeten we energie vrijmaken die gewoonlijk wordt gebruikt in onze normale, opslokkende dagelijkse wereld. Als ons gewone bewustzijn wordt overladen met routines, heftige emoties en angsten over het zelf, dan zal, wanneer we dromen, onze vrijheid worden ingeperkt door symbolen van die angsten en zorgen. We zullen dan niet de energie ter beschikking hebben die nodig is om bewustzijn en wilskracht in dromen te cultiveren.

Energie moet worden vrijgemaakt met behulp van de recapitulatietechniek. Wanneer een dromer er niet in slaagt om voortgang te boeken, moet hij terugvallen op recapitulatie, de extreme vorm van de eerder beschreven psychoanalyse. Hij moet meer levensherinneringen opsporen waar zijn energie verloren is gegaan, en waar uitheemse energie is achtergelaten in zijn eigen lichtend wezen. Uiteindelijk zal hij genoeg vreemde filamenten kunnen verwijderen, en genoeg van hun eigen verloren energie terugvinden om weer verder te gaan.

Het passeren van de eerste poort van dromen lijkt veilig en ongevaarlijk. Maar, in dit gebied worden we ons gewaar van het verbazingwekkende feit dat we ons bewust kunnen zijn in de wereld van onze droomaandacht. We kunnen ons energielichaam tegenkomen en leren om het te trainen. Volgens Matus worden we ons vervolgens geleidelijk bewust dat er onder de veelheid van zaken in onze dromen 'echte en energetische interferenties zijn, dingen die door een vreemde kracht in onze dromen zijn geplaatst'. Die vreemde krachten zijn er om met ons te communiceren.

Matus zei: 'dromen zijn, zo niet een deur, dan wel een luik naar andere werelden... dromen zijn als een weg met tweerichtingsverkeer'. Ons bewustzijn kan via dat luik uitkomen in andere werelden, en bezoekers en afgezanten uit andere werelden kunnen door het luik binnenkomen om ons te ontmoeten in de droomaandacht.

Dromers zijn nog steeds relatief veilig in het gebied net voorbij de eerste poort van dromen, maar het is een gebied vol met verkenners en ontdekkingsreizigers, komende uit het volgende gebied dat in de volledige tweede aandacht te vinden is. Ze komen ons ontmoeten om dezelfde reden dat we ons beschikbaar maken voor hen. We zijn allemaal reizigers en ontdekkers in een universum dat zichzelf wil kennen. Wij zijn de middelen waarmee het universum zichzelf leert kennen.

In onze dagelijkse gefragmenteerde, half onthouden dromen, zijn er veel elementen die eenvoudigweg beelden en herinneringen zijn uit ons gewone leven. Er zijn ook dingen die irrationeel of misplaatst lijken, maar als we dieper kijken en ze analyseren, zien we dat ze symbolisch zijn voor dingen uit ons wakkere leven. Dit is het gebied waar psychoanalytici actief bezig zijn. Maar in onze normale dromen zijn er ook veel willekeurige zaken die nergens op slaan en die geen betrekking hebben op ons normale leven, zelfs niet symbolisch.

We zijn ons meestal niet bewust, maar tijdens onze dromen worden we bestookt door bezoekers uit het onbekende. Deze aanvallen komen uit het volgende rijkdom, waar dromers na de tweede poort zijn binnengegaan. Het is een dimensie vol met verschillende andere energetische wezens. Sommige zijn entiteiten die ook op onze aarde verblijven; anderen komen van verder weg. Ze komen niet fysiek tot ons, maar ze kunnen hun energielichamen projecteren in onze droomaandacht en aan ons verschijnen, net zoals we onze energielichamen aan hun droomaandacht kunnen laten zien.

Deze verkenners zijn voortdurend nieuwsgierig naar ons. Net als wij zijn ze op zoek naar meer bewustzijn en energie. Wanneer we dromen, gaan we een wereld binnen waar uitheemse entiteiten zich aan ons kunnen openbaren. Ze sturen ontdekkingsreizigers op zoek naar dromers die hun bewustzijn ontwikkelen, en wij doen hetzelfde.

Als we ons concentreren op het ontwikkelen van onze droomaandacht, openbaren we onze intentie en ons nieuwe verbeterde bewustzijn aan hen en pronken ermee, waardoor het voor hen toegankelijk wordt in hun wereld, als lokaas.

Die vreemde wezens kunnen niet de eerste zijn die een ontmoeting met ons kunnen initiëren terwijl we ons in de tussenliggende droomaandacht bevinden. We worden nog steeds beschermd door onze muren van perceptie. Alleen wanneer wij het contact initiëren, dan pas kunnen ze zich met ons bemoeien en met ons communiceren. Ze moedigen ons aan om hen naar hun wereld van de tweede aandacht te begeleiden. Het is aan ons of we ze willen volgen of afwijzen.

Na de eerste poort van droomaandacht, maar vóór de tweede poort, worden we nog steeds beschermd door onze normale barrières. Totdat we door de tweede poort gaan, kunnen we nog steeds geloven dat we 'alleen maar dromen', zij het in een hogere vorm. Zelfs in deze tussenliggende wereld is er gevaar van plotseling schrikken. Een buitenissige gewaarwording kan ons laten schrikken en een abrupt ontwaken veroorzaken, en ons vervolgens door het 'kanaal van de angst' in onze dagelijkse wereld volgen. Het is mogelijk dat vreemde energie onze wereld binnenkomt en vast komt te zitten, en ons leven gaat verstoren; het is ook mogelijk dat ons energielichaam hun wereld binnengaat en klem komt te zitten of verloren raakt.

* * * * *

Bekwaam worden in de basistechnieken van dromen is moeilijk; het kostte Castaneda meer dan twee jaar voortdurende oefening om de eerste poort te bereiken en er vervolgens doorheen te gaan. Maar door de tweede poort van dromen gaan, en naar binnen gaan in het uitgestrekte en gevaarlijke gebied daarachter, kan eenvoudig zijn. We hoeven alleen maar de bewuste intentie om het te doen hardop te kennen geven in onze droom.

Het passeren van de tweede poort van dromen impliceert het vermogen om dromen te veranderen, hegeen betekent werelden veranderen, zonder wakker te worden. Dit betekent in slaap vallen, een droom beginnen, en wakker worden uit een andere. Dit kan ook bereikt worden door een verkenner van de ene naar de andere aandacht te volgen, gewoon door de intentie kenbaar te maken om dit te doen.

Door deze grens te overschrijden, betreedt de dromer een veel grotere en gevaarlijkere vorm van aandacht. In deze wereld leert de dromer de regels en gebruiken van toverdromen. Hij komt noodlottige uitdagingen aan zijn rationaliteit tegen, en onvermijdelijke toetsen van zijn intentie en focus. Hij beseft niet altijd waar hij is of wat hij doet.

Volgens Castaneda is het gebied voorbij de tweede poort van dromen, de wereld waar we voor het eerst andere soorten van wezens met een zeker perceptievermogen ontmoeten waarmee we onze planeet delen.

Ongeveer tweederde van de energie in de menselijke cocon behoort tot het gebied van het onbekende. Het andere derde deel is energie en bewustzijn waartoe we toegang hebben. De energie binnen de menselijke band is georganiseerd in 48 bundels. We gebruiken er slechts twee voor onze normale eerste aandacht om alle levende en levenloze objecten in onze wereld waar te nemen.

Zes andere banden uit de 48 behoren tot een wereld van bewuste wezens die de aarde met ons delen en gedeeltelijk onze waargenomen wereld delen. Sommige van deze wezens zweven in onze dromen en zoeken contact met ons op.

Deze wezens hebben ook energetische vormen van energie met assemblage punten. De onze zijn bolvormig en ons energieniveau schijnt veel helderder. Hun energievormen zijn lang en kaarsvormig en schijnen vager. Ze zijn meer gewaar dan wij, omdat hun langere vorm meer variëteiten van universele energie raakt dan onze bol, maar ze zien met minder licht.

Het totale aantal van deze anorganische wezens is minder dan het totale aantal organische wezens dat we normaal waarnemen in onze twee gebruikelijke banden. Maar de verscheidenheid aan typen is groter omdat ze zes banden, in plaats van onze twee, gebruiken. Ze verschillen van ons doordat ze bewustzijn hebben, maar ze zijn geen organismen. Hun levensduur is oneindig langer dan die van ons; Matus geloofde dat hun resterende levensduur overeenkomt met die van de aarde. Ook is hun energieniveau veel lager. Ze leven al eeuwen en zullen nog eeuwen doorgaan met leven, terwijl ons leven veel korter is, maar ook veel intenser.

Ze leven een stationair bestaan, zoals bomen die een heel lange tijd op één plek zijn geworteld. In hun eerste aandacht leven deze wezens zonder organische lichamen en processen als stationaire objecten. Omdat ze in hun eerste aandacht stationair zijn, hebben ze hun tweede aandacht, waarin ze specialisten zijn, overontwikkeld. Ze hebben energielichamen zoals wij, die ook niet vastzitten aan de wereld van hun eerste aandacht.

Van de 48 bundels van bewustzijnsenergie in onze cocons behoren er slechts twee tot onze normale wereld, terwijl zes tot de wereld van deze anorganische wezens behoren. Het bewustzijn van hun wereld is gedeeltelijk verbonden met de onze, te vergelijken met een eenrichtingsspiegel met geluidsisolatie. Ze kijken naar ons, benijden ons energieniveau, maar ze kunnen niet uit eigen beweging contact met ons opnemen. Normaal zijn we ons geheel niet van hun bewust, hoewel we soms hun aanwezigheid voelen.

Na de zes banden die de wereld van de anorganische partnerwezens vormen, zijn er nog eens 40 bundels die, gecombineerd, minstens nog eens 600 werelden bevatten. Menselijke ontdekkers die deze vele werelden willen bezoeken, moeten eerst door de wereld van de anorganische wezens heengaan en een energie injectie uit dat rijk krijgen die nodig is voor verdere reizen het bewustzijn in.

* * * * *

Zodra we de tweede aandacht hebben betreden, zijn we gedwongen om met deze wezens om te gaan. Als we ze volgen naar hun wereld, lijken ze 'heel erg op een gigantische spons':

'Het eerste wat het deed was me door een enorme grot of opening in de fysieke massa duwen waaraan ik was blootgesteld. Toen ik eenmaal binnenin die massa zat, besefte ik dat de binnenkant net zo homogeen poreus was als de buitenkant, maar veel zachter, alsof de ruwheid was gladgeschuurd. Wat ik zag was een structuur die leek op een uitvergroting van een bijenkorf. Er liepen talloze geometrisch tunnels in alle richtingen... De tunnels leken levend en bewust te zijn; ze maakten een sissend geluid.'

De anorganische wezens zijn onbeweeglijk, maar hebben een bewustzijn dat veel geavanceerder is dan het onze, omdat ze veel ouder zijn. Omdat ze onbeweeglijk en zeer ervaren zijn, proberen ze de dingen die om hen heen bewegen te beïnvloeden, en ze zijn afgunstig van de hogere energieniveaus van mensen.

Wanneer een dromer in de droomaandacht is, bevindt hij zich in het rijk waar de anorganische entiteiten van onze aarde in hun tweede aandacht actief zijn. Ze gebruiken hun energielichamen om projecties te maken wanneer dromers in hun rijk verschijnen. De anorganische wezens zoeken dromers op en proberen ze in feite te vangen. Ze kunnen een dromer niet dwingen iets te doen, en ze kunnen niet liegen. Maar ze kunnen veel van de diepste gevoelens van de dromer lezen en beelden en projecties creëren om te verleiden of bang te maken.

Ze krijgen onze aandacht door beelden in onze

tweede aandacht te projecteren, omdat ze met ons willen communiceren. Ze zijn gemotiveerd om met ons in contact te komen, en als we in een andere wereld dromers worden, bieden we ook een groter bewustzijn. We worden erg sociaal, op zoek naar individuen en groepen van buitenlands bewustzijn.

In vergelijking met hen zijn we als kleine kinderen met veel energie, maar geen verfijning. Ze weten dat we kwetsbaar zijn en met hun enorme kennis en lange geschiedenis van het leven op onze planeet kunnen ze ons gemakkelijk manipuleren via nieuwsgierigheid, plezier of angst. Ze willen ons verleiden om hun wereld binnen te gaan en vrijwillig daar te gaan wonen.

De beslissing om in die wereld te blijven moet op vrijwillige basis door de dromer worden genomen. Eenmaal gemaakt is het onomkeerbaar en wordt de dromer in die wereld vastgezet. Dat betekent dat hij sterft in zijn normale gewaarzijn, en een anorganisch, ontlichaamd wezen wordt, dat een oneindig lang leven in die wereld leeft.

Don Juan noemde deze anorganische wezens, en de manier waarop ons bewustzijn interageert met het hunne, duivels. Maar er was niets dat hij kon doen om Castaneda te helpen zijn beslissing te nemen over wat te doen in hun rijk. Als dromer had Castaneda hun instructies nodig, om zijn dromende praktijken en energie te ontwikkelen voor verdere reizen naar bewustzijn, in de meer opwindende en gevaarlijkere gebieden verder dan hun wereld. Hij moest zelf beslissen of hij het aanbod van veilig asiel geboden aan alle dromers wilde accepteren of verwerpen.

Om het nog duivelser te maken, worden dromers

onderwezen en geholpen door de anorganische wezens. Zodra een dromer enige vaardigheid ontwikkelt, ontmoet hij een 'dromende stem' die hem informeert en leert. Deze stem komt van een anorganisch wezen en is zeer nuttig, informatief en eerlijk. Sinds de oudheid heeft deze stem van dromen mensen de weg gewezen om te navigeren in de tweede aandacht.

Don Juan probeerde Castaneda te leren omgaan met de schijnbaar onschatbare informatie van de anorganische stem. In feite kan de stem alleen informatie vrijgeven die de dromer al in zijn tweede aandacht heeft opgeslagen. We worden aangetrokken door de anorganische wezens vanwege hun 'buitengewone bewustzijn'. Ze lijken onze diepste gedachten en behoeften te kennen, omdat ze veel ouder en meer ervaren zijn. Tegelijkertijd hebben ze een verborgen agenda in relatie tot ons.

Elke dromer moet dit rijk passeren en een individuele en definitieve beslissing nemen in reactie op de aantrekkingskracht van de anorganische wereld. Zodra een dromer, geheel uit vrije wil, besluit hun beroep te verwerpen, is hij vrij om door te reizen naar de opwindende maar gevaarlijke tweede aandacht. Als hij ooit zijn verlangen uitspreekt om in hun wereld te blijven en een oneindig lang leven te leiden, gaat hij een veilige, gesloten wereld binnen; zijn beslissing is definitief en hij kan nooit meer terug.

De ultieme aantrekkingskracht van de anorganische wezens is dat hun wereld een toevluchtsoord is voor mensen die reizen in de tweede aandacht. De werelden buiten het anorganische rijk zijn wellicht nog roofzuchtiger en vijandig voor ons dan de onze. Voortgang in bewustzijn kan alleen worden geboekt na gevechten op leven en dood in onbekende sferen. Onze partnerwereld van de anorganische wezens is een veilige plaats.

In feite is onze partnerwereld, altijd aanwezig dicht bij ons achter de eenrichtingsspiegel, de ultieme thuisbasis van de oude tovenaars. Volgens Matus raakten de tovenaars uit de oudheid te zeer betrokken bij de anorganische wezens en de droomstem. Ze veronderstelden dat die wezens in hun belang werkten en hen hielpen de macht over hun medemensen te handhaven.

Het waren de anorganische wezens en hun projecties die de mensheid oorspronkelijk onderwezen over het assemblagepunt en hoe het te manipuleren, door hun relatie met de oude tovenaars. De oude tovenaars zagen die projecties als helpers of beschermers en beschouwden ze als hun bondgenoten. Ooit zei Matus aan Castaneda, 'elke tovenaar van de oudheid viel, onvermijdelijk, ten prooi aan de anorganische wezens. De anorganische wezens gaven hen, nadat ze hen hadden gepakt, de macht om de tussenpersonen te zijn tussen onze en hun wereld, die de 'schimmenwereld' werd genoemd.'

Don Juan Matus vertelde Castaneda dat hij na jaren van onderzoek buiten het rijk van de bondgenoten nu walging voelde tegen zowel de oude tovenaars als de anorganische wezens, die hij 'onze neven en nichten' noemde. 'De energie van onze achterneven is een travestie', zei don Juan. 'Ze zijn net zo *fucked up* als wij.'

Castaneda wist dat, als hij een van de nieuwe zieners zou moeten worden, hij eerst de stappen moest volgen die de oude tovenaars hadden genomen, maar dan op een bepaald moment een andere weg moest inslaan om vrijheid te zoeken. Matus waarschuwde hem herhaaldelijk omdat hij waarnam dat Castaneda een enorme affiniteit had met de oude tovenaars en de anorganische wezens. Uiteindelijk, ondanks de waarschuwingen van Matus, bezweek Castaneda voor de aantrekkingskracht van de wereld van de anorganische wezens en werd hij gevangen gezet.

Castaneda had een langdurige vrijerij met deze schimmenwereld, wat hij geheim hield voor Matus. Ten slotte werd Castaneda gelokt door het beeld van een gevangen, hulpeloos en onschuldig kind, ook wel de 'blauwe verkenner' genoemd. In de val gelokt, verdween Castaneda in die wereld om het spookkind te redden. Dat had het einde van zijn verhaal moeten zijn, maar don Juan en zijn collega's vonden hem en redden hem en brachten hem terug naar Mexico, en de blauwe verkenner kwam met hem mee.

Castaneda's energie was nu volledig uitgeput, en hij moest maandenlang in bed rusten, terwijl Matus en de andere tovenaars hem ondervroegen en hem hielpen te herstellen. Ze waren geschokt om zijn verhaal aan te horen; volgens don Juan en zijn collega's had Castaneda op de een of andere manier een gebied van het anorganische rijk bezocht dat al sinds de oudheid bekend was, maar nooit eerder bezocht door een van hen. Niet alleen dat, maar geen van de verhalen van de oude tovenaars gaf melding ook dat gebied te hebben betreden. Castaneda's verhaal van zijn gevangenneming en redding in de 20e eeuw, was nu onderdeel geworden van de folklore van de oude tovenaars.

* * * *

De volgende stap in de training van Castaneda was om de derde poort van het dromen door te gaan. Dit omvatte het samenvoegen van twee werkelijkheden: de droomwerkelijkheid en de realiteit van de dagelijkse wereld. Het moment van in slaap vallen werkt meestal als de effectieve barrière tussen waakbewustzijn en droombewustzijn. Ons waakbewustzijn is normaal en voorspelbaar, terwijl dromen ongewoon en onvoorspelbaar is. Normaal gesproken is het vrij zeldzaam dat iemand zich in een staat bevindt waar hij niet zeker weet of hij wakker is of in een droom.

Na jaren van training kon het droomlichaam van Castaneda zich nu naar believen verplaatsen. Hij veranderde werelden herhaaldelijk in dromen en ontdekte geleidelijk aan dat hij voorwerpen uit zijn dromen in zijn dagelijkse wereld tegenkwam. Hij verkeerde in een positie waarin hij niet altijd wist of hij in zijn normale bewustzijn was, in een gewone droom, of in een gevaarlijke en onbekende droomwereld.

Met verkenners uit andere sferen die hem beslopen, klaar om hem naar onbekende sferen te sleuren, en anorganische wezens die hem probeerden terug te halen naar hun wereld, werd het voor Castaneda noodzakelijk om altijd te weten waar hij tegenover stond. Hij moest weten of een wezen dat hij ontmoette gewoon een buurman was, of een onbekende macht uit een ander rijk dat hem misschien zonder reden zou aanvallen, op dezelfde manier dat hij een insect zou kunnen doodslaan dat over zijn bureau zou lopen.

Sommigen zeggen misschien dat we vastzitten in onze wereld van het dagelijks leven, met ons assemblagepunt zo fel gehecht aan één plek, dat we ons niet kunnen herinneren dat we ergens anders vandaan kwamen met een doel. Evenzo kunnen dromers en tovenaars dwalen in werelden en vergeten waar ze vandaan kwamen en waarom. Matus vertelde verhalen van een aantal cohorten die andere duistere en angstaanjagende werelden binnengingen en strandden, schijnbaar tientallen jaren, en toen terugkeerden naar deze wereld waar ze hoorden dat ze in feite maar een paar dagen weg waren geweest. Net als Castaneda in de wereld van de anorganische wezens, kunnen dromers, opzettelijk of per ongeluk, in veel situaties terechtkomen, sommige situaties zelfs erger dan de dood.

Er zijn donkere beelden te vinden door Castaneda's hele werk heen, van tovenaars en semi-tovenaars die gevangen raakten in langdurige of eindeloze ellende. Dit gebeurde hetzij door hun eigen egoïstische zoektochten, dan wel omdat ze het slachtoffer waren van anderen.

Volgens Juan Matus hebben tovenaars door de eeuwen heen geprobeerd manieren te vinden om het leven te verlengen en hun bewustzijn te verruimen, met enkele van de macabere resultaten beschreven door Castaneda. Weinig van die pogingen lijken op positieve prestaties, en de meesten lijken erger dan de dood. Verschillende soorten mislukte 'doodsontspringers' komen voor in Castaneda's werk.

Deze gevaarlijke en verwarrende stroming bouwde momentum op toen Castaneda de vierde poort van dromen naderde, wat leidde tot de laatste episode in *The Art of Dreaming*. Dit bleek het laatste verhaal te zijn dat Castaneda vertelde in Mexico.

Na het passeren van de vierde poort van dromen, kan het energielichaam reizen naar specifieke vooraf geselecteerde plaatsen, hetzij in een echte wereld of in de intentie van anderen. Met andere woorden, het is mogelijk om door iemand anders naar een plaats te worden gestuurd. Matus zei dat reizen naar een plek bepaald door de intentie van iemand anders, zowel de moeilijkste als de gevaarlijkste droomoefening is. Het had ook 'veruit de grootste voorkeur van de oude tovenaars'.

Matus liet zien dat een van de favoriete bezigheden van de primitieve oude tovenaars was, om hun leerlingen effectief in slavernij te verkopen in een ander rijk, in ruil voor macht of energie. Tegen de tijd dat de leerling het punt bereikte waarop hij in de intentie van iemand anders kon reizen, kon zijn leraar hem manipuleren in een wereld waar de leraar van wist en hem daar achterliet, gestrand in het onbekende. Van de oude tovenaars was bekend dat ze hele groepen mensen naar andere werelden verhuisden.

Gedurende een andere cruciale gebeurtenis in het leertijd van Castaneda ontmoette hij een oude tovenaar die al heel lang in leven was, misschien wel duizenden jaren. Deze oude tovenaar stond bekend als 'de doodsontsnapper'. Net zoals alle oude tovenaars zat hij gevangen in de wereld van de anorganische wezens, maar hij had op de een of andere manier een methode gevonden om zijn lange bestaan in stand te houden als een anorganisch wezen, zonder een gevangene te worden in die wereld. Hij ontsnapte uit dat rijk door zijn geslacht te veranderen in een vrouw. Volgens Castaneda, in de tweede aandacht, is het universum overwegend vrouwelijk en wordt het mannelijke element gewaardeerd omdat het zo zeldzaam is. Maar geslacht is een positie van het assemblagepunt, dus een mannelijke tovenaar kan zich waarschijnlijk veranderen in een vrouw door de juiste positie te vinden.

Deze oude tovenaar werd opgenomen in don Juan's

clan, door terug te gaan naar dezelfde kerk in Mexico gedurende elke generatie tovenaars, om de leidende tovenaar te dwingen een ruil te maken: energie voor de 'doodsontspringers' in ruil voor kennis voor de tovenaar en zijn cohorten. Gedurende duizenden jaren was deze tovenaar uit de oudheid getuige geweest van de oudheid op aarde en verre uithoeken van het universum, dus ze had veel geheimen te onthullen.

Als leider van de nieuwe generatie moest Castaneda de oude tovenaar ontmoeten, ook bekend als 'de vrouw in de kerk'. In een gebaar van vals altruisme weigerde hij om geschenken van haar te ontvangen. Hij zei dat het enige dat hij wilde, was te worden meegenomen op een wandeling in don Juan's stad, omdat het 300 jaar geleden was dat de 'doodsontspringer' voor het eerst contact opnam met hun clan.

Omdat ze bijna eeuwig in dat gebied had doorgebracht, had ze een duidelijk beeld van het dorpsplein, de kerk, de straten en huizen zoals ze honderden jaren geleden waren. Pas nadat Castaneda de vierde poort van het dromen had gepasseerd, kon hij een wandeling met haar maken in die stad zoals die in haar geheugen bestond, dus dat deed hij dan ook.

Op de terugreis van het vroegere beeld van de stad, nam de vrouw haar geschenk, de uitwisseling waar ze nog steeds recht op had, van Castaneda zonder het aan te kondigen. Ze bracht hem op een zijbezoek naar een andere plaats. Ze bedroog Castaneda in het geloof dat ze hem gewoon had teruggebracht naar de echte stad van waar ze bij normaal bewustzijn begonnen, terwijl ze hem in feite nog steeds begeleidde in haar eigen geheugen. In deze staat slaagde ze erin om een van Castaneda's nieuwe cohorten, een vrouw met de naam Carol Tiggs, mee te nemen naar de droom en haar vervolgens effectief te ontvoeren.

Ervan uitgaande dat hij twee dagen en een nacht weg was geweest, ontwaakte Castaneda uit dit avontuur en ontdekte dat Don Juan en zijn cohorten op hem zaten te wachten. Ze vertelden hem op sombere wijze dat hij negen dagen weg was geweest, en niet twee. Toen hij zijn verhaal vertelde, concludeerden ze dat de 'doodsontspringer' Carol met zich mee had kunnen nemen om mee te delen in haar lot - hopelijk om met Castaneda en zijn partij in de derde aandacht te komen.

Castaneda kreeg te horen dat hij opnieuw in gebieden van dromen en tovenarij was beland, die voorheen onbekend waren voor Matus en zijn groep. Castaneda had het voor elkaar gekregen om weer een ongekend hoofdstuk uit de moderne tijd toe te voegen aan de verslagen van de oude tovenaars uit Mexico.

12

NEERDALEN IN L.A.

Castaneda's verhaal over zijn gevangenschap en de daaropvolgende redding uit zijn baanbrekende verkenningen van de tweede aandacht, betekent weer zo'n abrupte breuk in zijn chronologie. Als we opnieuw door zijn hele oeuvre gaan, zien we eerst de psychedelische fase. Daarna kwam het stadium waarin de strijder zijn dubbel tegenkomt en het onbekende betreedt. Toen keerde hij terug naar Mexico en beschreef de mythe van de oude tovenaars. Ten slotte raakte hij verdwaald en vond zichzelf vervolgens opnieuw terug in beangstigende droomreizen. Nu ontdekken we dat hij deze laatste afleveringen van dromen als een aangeefluik gebruikte, om zichzelf met een nieuwe groep leerlingen in een andere wereld te brengen: Los Angeles.

Met grenzen die instortten in en om hem heen, riep Castaneda wederom zijn scala van personages op en herschiep hij zijn eigen verhaal, de beroemde tovenaarsleerling. Het ging nu allemaal om de introductie tot de volgende en laatste fase van zijn persoonlijke geschiedenis, die zich afspeelt op zijn meest favoriete plek in de wereld: Los Angeles.

Castaneda heeft nu voor de meeste lezers zijn verbeelding te ver gedreven en begint de complexiteit te ontrafelen. Om erop te staan dat Castaneda echt al zijn avonturen met don Juan en de steeds veranderende groepen van leerlingen heeft meegemaakt, en het vervolgens voor elkaar heeft gekregen om een beroemd en rijk man in Los Angeles te worden, met een harem van mooie en sterke vrouwen en een menigte van volgelingen die zijn elke uiting aanbad, wordt te moeilijk om te geloven.

Achteraf gezien zou het meest waarschijnlijke scenario van wat er gebeurde, zoiets als dit kunnen zijn: Castaneda schreef zijn eerste boek in de jaren zestig om zijn PhD-kandidatuur aan de UCLA aan te vangen en om zich als een antropoloog te vestigen. Hij had toegang tot originele informatie uit een religieuze en tovenarijtraditie, wiens dogma's hem inleidde in de concepten van de eerste en tweede aandacht.

Deze traditie was in de oudheid gebruikelijk in grote delen van de wereld. Ongetwijfeld bestonden er talloze geschreven of mondelinge verslagen over de grondregels en verhalen over de heiligen en volgelingen van deze proto-religie. Deze verslagen zouden tijdens de inquisitie zwaar onderdrukt zijn geweest, dus alles wat er overbleef zou geheim zijn. Deze originele informatie zou kunnen hebben bestaan uit formele verhandelingen over de religieuze leefregels, of dagboeken of mythen die de activiteiten van echte of mythologische helden van de traditie weergeven. Castaneda's originaliteit en handigheid in het weergeven van activiteiten van personages uit de 18e en 19e eeuw van het geslacht van Juan Matus, zou de oorsprong van zijn bronnen in die periode kunnen plaatsen.

Castaneda heeft wellicht de noodlottige beslissing genomen tijdens het schrijven van het eerste boek, om UCLA te bedriegen door zichzelf in het verhaal dat hij had gevonden te plaatsen. Het kan zijn dat hij het personage van don Juan heeft uitgevonden op basis van informatie die antropologen hem bij de UCLA hadden gegeven als student. En dat hij zich vervolgens in de rol van leerling in het verhaal plaatste.

Misschien was zijn plan om zijn eerste boek, *The Teachings of Don Juan: A Yaqui Way of Knowledge*, alleen in wetenschappelijke tijdschriften te laten verspreiden om te worden besproken onder antropologen, en wat voldoende zou zijn om uiteindelijk te resulteren in een doctoraat en carrière als hoogleraar antropologie. Toen het boek in plaats daarvan razend populair en een wereldwijde bestseller werd, opende zich een hele nieuwe wereld van mogelijkheden, zowel lucratief als verraderlijk.

Zodra het Castaneda duidelijk werd dat het eerste boek lovende kritieken en financiële beloningen opleverde, wat was er verkeerd aan om er nog een paar te schrijven? De mogelijkheid om het verhaal van don Juan de tovenaar om te zetten in een epische mythe uit de oudheid, die zich uitstrekt tot in de 20e eeuw, is mogelijk geleidelijk aan bij Castaneda opgekomen.

Hij zou de eerste drie boeken hebben kunnen formuleren op basis van interviews met lokale informanten in Mexico, die een paar oude verhalen kenden. Nadat hij eenmaal kennis had gemaakt met de filosofieën van de dubbel en de tweede aandacht, openden zich voor hem eindeloze mogelijkheden voor verhalen vertellen. In dit scenario zou zijn bedrog zo groot en diep worden dat het te onoverzichtelijk werd, omdat het oncontroleerbaar verweven was met zijn persoonlijke leven terug in de eerste aandacht in de VS.

Tegelijkertijd kan zijn literaire prestatie niet anders dan verbazingwekkend worden genoemd, gezien dit scenario. En dat de boeken met Florinda Grau Donner en Taisha Abelar in 1991 en 1992 werden gepubliceerd, parallel aan zijn nog steeds bloeiende carrière, was ongelooflijk.

* * * * *

In de inleiding tot *The Art of Dreaming* (1993) noemde Castaneda drie nieuwe vrouwelijke tovenaarsleerlingen als zijn nieuwe partners en beloofde later over hun avonturen en zorgen te schrijven. Met andere woorden, hij zei dat er een tweede groep medestudenten was die zich bij hem en don Juan had gevoegd, ongeveer tussen 1970 en 1973, vermoedelijk nadat het werken met de eerste groep leerlingen onmogelijk was geworden. Deze redenering is moeilijk in overeenstemming te brengen met zijn eerdere schrijven, maar het zou zo kunnen zijn. Deze nieuwe groep bestond uit slechts drie vrouwen.

De implicatie is dat hij de leden van deze groep alleen maar in de tweede aandacht heeft ontmoet, voor 1973. Dat betekent dat hij geen enkele herinneringen aan hen had, totdat ze geleidelijk opnieuw verschenen in zijn eerste aandacht, meer dan een decennium later. Hij kwam ze op verschillende tijdstippen opnieuw tegen in de periode tussen 1981, toen hij een van hen kort noemde, en 1993, toen hij ze alle drie introduceerde in *The Art of Dreaming*.

De eerste was Carol Tiggs, die hij ook de 'naguele

vrouw' noemde. Ze werd de vrouwelijke tegenhanger van Castaneda genoemd, en medeleider van de tovenaars van zijn generatie. Juan Matus zou haar gerekruteerd hebben in Tucson, Arizona, kort nadat hij Castaneda had leren kennen. Ze werkte in een regeringskantoor waar Matus heen was gegaan om een aantal documenten te laten behandelen. Hij deed zich voor als een hulpeloze inheemse Amerikaan, verward door de bureaucratie, en bezocht haar drie maanden lang, totdat hij haar in de val lokte om zijn huis te bezoeken.

Als naguele vrouw had ze beter de wereld van Matus en zijn groep in 1973 kunnen verlaten, maar dat is niet gebeurd. Het nieuwe verhaal zegt dat, voordat dat kon gebeuren, ze verward raakte in Castaneda's droomavonturen, zowel in het anorganische rijk als daarna opnieuw met de oude tovenaar die verscheen als 'de vrouw in de kerk'. In plaats van Matus en zijn cohorten te volgen verdween Tiggs met de tovenaar.

De andere twee nieuwkomers waren Taisha Abelar en Florinda Grau. Ze zijn nooit goed geïntroduceerd geweest in de boeken van Castaneda. In plaats daarvan schreven ze hun eigen werken.

Castaneda kreeg het voor elkaar zijn heldhaftige verhaal van een moderne tovenaarsleerling aangevuld, bevestigd en uitgebreid te krijgen, door niet één maar twee andere auteurs. Ze beeldden zichzelf af als personages tijdens parallelle reizen aan die van Castaneda, en in hun vertolkingen hebben ze alle spelers op verschillende niveaus van bewustzijn ontmoet en met elkaar in contact gebracht. Voor Castaneda, de schrijver, kan dit niet anders dan een literaire triomf worden genoemd.

Castaneda, Grau en Abelar probeerden allemaal deze

drie versies van het verhaal door één luik de hedendaagse historische wereld in te loodsen. Ze ontmoetten elkaar in Los Angeles. Ze richtten ook een bedrijf op en rekruteerden nieuwe aanhangers. Samen met de lezers van twee decennia geleden probeerde iedereen het nieuwe stelsel te doorgronden en te accepteren, wat onvermijdelijk tot tegenstellingen leidde.

De reden waarom Castaneda de nieuwe leerlingen, Grau en Abelar, zo laat introduceerde in 1993, moet gebaseerd zijn geweest op de bewering dat ze tussen 1970 en 1973 samen waren geweest. Ze zouden alleen interactie in de tweede aandacht hebben gehad, en waren elkaar daarom vergeten.

Maar Grau zei dat ze Castaneda in Los Angeles talloze keren had bezocht, en herhaaldelijk met hem naar Mexico en terug naar Los Angeles had gereden en de sleutels van zijn huis in 1973 had. Maakten ze de driedaagse rit vanuit Los Angeles naar Mexico in de tweede aandacht? We hebben later vernomen dat Castaneda onmiddellijk na zijn sprong van de rotsen in 1973 terugkeerde naar zijn appartement in UCLA. Waarom hebben hij en Grau elkaar niet ontmoet in zijn huis in Los Angeles gedurende al die jaren na 1973, toen hij op het hoogste niveau van bekendheid was, en zij de sleutels van zijn huis in bezit had?

Florinda Grau, later bekend als Florinda Donner, was een Duitse die was opgegroeid in Zuid-Amerika. Ze zei in haar boek *Being-in-Dreaming* (1991) dat ze maandenlang in het huis van Juan Matus in centraal Mexico met zijn groep oude tovenaars had gewoond. Dit was in 1970, toen ze aan UCLA verbonden was, maar voordat ze ooit van Carlos Castaneda gehoord had.

Ze zei dat ze voor het eerst blootgesteld was aan Castaneda, zonder het te weten, in een situatie die in scène was gezet door Matus. Hij had expres een dood insect bij haar hamburger gedaan in een koffieshop in Tucson om een confrontatie te creëren tussen haar en Castaneda, die poseerde als de kok met de naam Joe Cortez. Een jaar later, in 1971, ontmoette ze hem opnieuw als Joe Cortez, terwijl hij in mist ronddoolde in de bergen in de buurt van Los Angeles. Daarna ging ze naar een Carlos Castaneda-lezing op de UCLA-campus. Ze zag hem op het podium en herkende hem en ging achter de coulissen om hem te ontmoeten.

Castaneda vermoedde dat iets bijzonders hun verbond. Hij nodigde haar uit om met hem mee te gaan naar het huis van de tovenaar in Mexico, niet wetende dat ze daar al was geweest. Toen ze aankwamen, werd ze vreugdevol herenigd met de groep van tovenaars. Ze werd onderdeel van de leercyclus van Castaneda's generatie, met hem als leider. Volgens Grau gebruikte Castaneda veel aliassen, als onderdeel van zijn poging om te zijn wat Matus een 'besluiper' noemde: naast Joe Cortez was hij ook bekend als Charlie Spider en Isidoro Baltazar.

Grau zei dat ze voornamelijk werd begeleid door de vrouwelijke leden van de oudere generatie. Haar opleiding als vrouwelijke tovenaar was anders dan die van Castaneda. Als vrouw viel het dromen haar automatisch veel gemakkelijker. Haar leren was gericht op het gebruik van de baarmoeder als de belangrijkste bron van kracht en intelligentie. Ze zei dat ze de jarenlange twijfel en vragen, de trucs en pesterijen die de training van Castaneda kenmerkte, niet hoefde te doorstaan. Dromen op vele niveaus was voor haar vanzelfsprekend. Maar ze schreef nauwelijks over de onderliggende filosofieën van het lichtende wezen en assemblagepunt.

Castaneda zei dat het belangrijkste verschil tussen mannelijke en vrouwelijke leerlingen was, dat mannelijke strijders serieuze redenen moeten hebben voordat ze aandurven om veilig het onbekende binnen te gaan. Vrouwelijke strijders zijn hier niet onderhevig aan en kunnen er zonder aarzelen binnengaan, mits zij volledig vertrouwen hebben in degene die hen leidt. Een andere manier om dit uit te leggen is dat mannen meer soberheid en gevoel voor doelstelling hebben, terwijl vrouwen meer puur talent en intensiteit bezitten.

Grau zei dat ze met Castaneda naar Mexico was gereden tijdens zijn laatste reis om Matus te zien, op de dag dat Castaneda te horen kreeg dat de oude tovenaars deze wereld gingen verlaten. Ze reden samen, maar ze bleef in het huis van de tovenaarsgroep terwijl Castaneda doorging naar het plateau waar hij vanaf sprong. Hij kwam niet terug voor haar; ze werd achtergelaten bij enkele van de oude tovenaars die nog over waren.

Het boek van Abelar, *The Sorcerers' Crossing*, verscheen in 1992, een jaar na het boek van Grau. Abelar zei dat don Juan Matus haar in 1960 had ontdekt in Tucson toen ze nog maar vijftien jaar oud was. Op zoek naar de herentoiletten in een drive-in-theater, stapte Matus per ongeluk een personeelsruimte binnen en onderbrak Abelar, die net op het punt stond seks te hebben met een andere werknemer. Hij was zo geschokt over de onwaarschijnlijkheid van dat treffen, dat hij de ontmoeting als een slecht voorteken beschouwde. Hij liet zijn vrouwelijke cohorten haar in de loop der jaren volgen, totdat hij uiteindelijk een van hen stuurde om haar op te halen en naar Mexico te brengen.

Abelar verbleef jarenlang in het huis van de tovenaar met twee leraren, een verzorger en een grote hond, Manfred genaamd, die ook een tovenaar was (dezelfde hond die dona Soledad hielp om Castaneda in de val te lokken). Ze ontmoette Juan Matus verschillende keren in Mexico.

De training van Abelar bestond voornamelijk uit recapitulatie, de techniek van het herinneren, waarbij herinneringen in de eerste aandacht de revue passeren, terwijl een diepe ademhalingsoefening een reinigende werking heeft op de energetische resten van de herinnerde interacties. Ze kreeg ook les in 'magische bewegingen', lichaamsbewegingen die energie in het lichaam en het dubbel in nieuwe banen leiden.

Tijdens het grootste deel van haar training sliep ze in een boomhut (met een bliksemafleider om haar te beschermen), en bracht ze vele dagen door hangende aan hoge takken in ingewikkelde harnassen. Abelar kreeg te horen over Castaneda, de 'nieuwe nagual', maar heeft hem nooit ontmoet. Ze zag hem ooit eens op een afstand met de hele groep van Matus.

Ze zei: 'Vier van de mannen waren ouder en zagen er net zo woest uit als de nagual, maar eentje was jong. Hij had een donkere huidskleur; hij was kort en leek erg sterk. Zijn haar was zwart, gekruld. Hij gebaarde op een geanimeerde manier terwijl hij praatte, en zijn gezicht was energiek, vol expressie. Hij had iets dat hem apart zette van alle anderen. Mijn hart begon sneller te kloppen en ik voelde me onmiddellijk aangetrokken tot hem.'

* * * * *

Na *The Art of Dreaming* gingen er vijf jaar voorbij zonder boeken, totdat *Magical Passes* in 1998 verscheen. In de inleiding van dit boek zei Castaneda dat hij zijn lot had aanvaard, dat hij niet in staat was om het geslacht van don Juan voort te zetten en door te geven. Na 27 generaties eindigde de geslacht van Matus met hem. Omdat Castaneda de kennis niet zou doorgeven aan een geheime groep nieuwe tovenaars, besloot hij dat het zijn taak was om openbare manieren te vinden om de kennis te verspreiden.

Castaneda had tot op dit moment negen boeken geschreven. Hij herinnerde zich alle lessen die hij kon verwerken en beschreef ze door ze op te schrijven. Maar er ontbrak één onderwerp: de *magische bewegingen*, de laatste geheimen onder zijn hoede. Hij besloot dit laatste stukje geheime kennis te gebruiken en het te gieten in een vorm van een moderne verzameling vechtsportachtige oefeningen, en deze onder de naam Tensegrity op de markt te brengen.

Castaneda legde uit dat de magische bewegingen geen uitvinding waren, maar ontdekt waren door de tovenaars in de oudheid. Hij zei dat 'terwijl ze zich in een toestand van verhoogd bewustzijn bevonden, hun lichamen op bepaalde manieren onvrijwillig bewogen, en dat die bepaalde manieren... een ongebruikelijk gevoel van fysieke en morele volledigheid veroorzaakten'. Don Juan dacht dat deze bewegingen zoiets als 'een verborgen erfgoed van de mensheid' waren, dat in ons lichaam was achtergebleven om ontdekt te worden, om de extreme spanning van strijders te verminderen en tegelijkertijd het lichaam soepel en sterk te maken.

Castaneda zei dat Matus hem had geleerd dat het lichaam zes belangrijke centra van vitaliteit heeft. De dwang en stress van het dagelijks leven duwt energie weg van deze centra. De ongebruikte energie verzamelt zich aan de rand van de lichtgevende bol, waar ze uithardt tot een schaal. Het uitvoeren van de magische bewegingen breekt deze verschaalde energie af en geeft deze terug aan de vitaliteitscentra van het lichaam.

De zes belangrijkste vitaliteitscentra zijn hier gegeven in volgorde van belangrijkheid: het gebied van de lever en de galblaas; de alvleesklier en milt; de nieren en bijnieren; de holte voorin de hals; de baarmoeder; en de top van het hoofd.

Castaneda zei dat het energiepunt bovenop het hoofd in beslag was genomen door een vreemde macht, en dat er vreemde energie in zat. 'Het zesde middelpunt van energie', zei hij, 'hoort niet helemaal bij de mens. Zie je, wij menselijke wezens zijn in staat van beleg, om het zomaar te zeggen. Dat centrum is overgenomen door een indringer en onzichtbaar roofdier. En de enige manier om dit roofdier te bedwingen, is door alle andere centra te versterken.'

Nadat de nieuwe vrouwelijke leerlingen waren geïntroduceerd, zien we nooit meer die oude Castaneda-als-leerling terug. De notitie nemende, twijfelende, vragen stellende, niet ziende, bang en verwarde student die fungeerde als een mikpunt voor Juan Matus en Genaro Flores in de vroege boeken is verdwenen. Castaneda is nu de 'jonge nagual', de leider van de nieuwe generatie. Wat zijn volgelingen betreft, oude beschrijvende woorden zoals student, cohort en leerling worden nu vaak vervangen door een nieuw woord: discipel.

13

EEN YAQUI AFSLUITING

Volgens Matus was zijn inheemse Yaqui-Indianen beschaving na enkele eeuwen van onderdrukking teruggebracht tot een klein restant van wat het ooit was. Kleine groepen overlevenden hielden stand in afzonderlijke buitenposten, verspreid over de Sonora woestijn in Arizona en het noorden van Mexico. Nadat ze hun land hadden verloren aan de Mexicanen, en hun manier van leven aan de Spaanse Verovering, zei don Juan dat ze alleen nog hun woede en zelfmedelijden over hadden.

Castaneda probeerde verschillende keren een Yaqui-stad binnen te gaan, maar 'werd gedwongen om te draaien door de pure vijandigheid van de mensen die rondom in de buurt woonden'. Overheidsbankiers waren de enige buitenstaanders die gewoon in de stad mochten komen, omdat ze alle gewassen van de Yaqui-boeren opkochten.

Don Juan bracht Castaneda één keer naar de stad terwijl hij in de tweede aandacht was. Hoewel hij geen

Yaqui kon spreken, voelde hij dat hij een duidelijke boodschap van hen ontving:

'Die mensen waren inderdaad oorlogszuchtig. Hun voorstellen waren voorstellen van strijd, oorlogvoering, strategie. Ze waren hun krachten aan het meten, hun strijdmiddelen, en ze klaagden over het feit dat ze niet de macht hadden om hun slagen te slaan. Ik voelde in mijn lichaam de angst van hun onmacht. Het enige wat ze hadden waren stokken en stenen om high-tech wapens te bestrijden. Ze rouwden om het feit dat ze geen leiders hadden. Ze verlangden, meer dan wat dan ook ze zich maar konden voorstellen, naar de komst van een charismatische strijder die hen kon opzwepen. '

Juan Matus zei dat zijn verslagen en vernederde volk, de Yaquis, de fundamentele menselijke conditie van onze tijd belichaamde. We voelen ons verslagen, vernederd en machteloos achtergelaten door een monsterlijke externe kracht die onze levens regeert en ruïneert. Dit is het enige dat de mensheid verenigt, volgens Matus, wat we allemaal gemeen hebben. Alle mensen hebben hetzelfde gevoel van verontwaardiging, belediging, zelfmedelijden en grief - zelfs miljardairs en presidenten.

In elk boek geschreven door Castaneda, keerde don Juan Matus terug naar dit thema en hamerde erop. De primaire kenmerken van de mensheid in deze zijn zelfmedelijden en het daarmee gepaard gaande eigenbelang. Dit zijn consistente en universele kenmerken van de mensheid in onze tijd. Het is waar voor alle volwassen mensen die op dit moment op aarde leven, ongeacht locatie, ras, geloofsovertuiging of status. Onze interne dialoog, die ons wereldbeeld stabiliseert, zit vol met aanhalingen naar problemen, onvervulde verwachtingen, misverstanden, frustraties en eindeloze grieven. We zitten gevangen in deze dialoog en denken zelfs niet dat er in het verleden een ander soort bewustzijn zou kunnen zijn geweest, of dat er in de toekomst een ander soort zou kunnen komen.

Matus zei dat, als men het verhaal van menselijk bewustzijn vergelijkt met een rivier, het is alsof we gevangen zijn geraakt in een draaikolk, en terzijde geschoven naar een ondiepe plas naast de hoofdrivier, waar we eindeloos in rondspinnen en nergens naartoe gaan. Hij zei dat dit een tijdelijke situatie is die ons van buitenaf was opgelegd.

In het vroege tijdperk van stille kennis bestond, in tegenstelling tot de huidige tijd van de rede, een andere wereld van bewustzijn en kennis, samen met een ander soort mens. De religie van Matus was toen de wet, en haar leiders waren mannen en vrouwen die we nu tovenaars noemen. Hun scala van activiteiten op het gebied van bewustzijn was veel breder dan wat het onze nu is. Het was ontegenzeggelijk ook een veel sombere tijd.

Nadat de positie van de rede zich duidelijk begon af te tekenen, begon de mensheid die richting in te slaan, weg van de oerverbinding met de natuur en de willekeurig dominerende kracht van de oude tovenaars. Het tijdperk van de rede bracht nieuwe heersers, met een nieuw soort kracht afkomstig van technologie.

Volgens Matus is deze beweging van een tijdperk van stille kennis naar een tijdperk van taal, wetenschap en rede ook vergezeld door een bezettende indringer uit een ander deel van het universum van bewuste energie. Een roofdierachtig wezen maakte gebruik van de opening toen we overstapten naar een vorm van bewustzijn die nauw met de rede verband hield, waardoor grote delen van ons totale wezen ongebruikt bleven. Het kwam binnen, ongezien, om ons verwaarloosde bewustzijn, dat de overgrote meerderheid van ons totale bewustzijn is, als voedsel te nemen.

Het is opvallend dat Castaneda tot zijn laatste hoofdstukken van zijn laatste boek heeft gewacht om dit roofdier, de 'flyer', te introduceren, maar hij heeft in eerdere werken verschillende duidelijke maar ongedefinieerde en onverklaarbare uitbeeldingen ervan opgenomen. Hij zei dat de aanwezigheid van de 'flyer' verklaart waarom we maar zo'n klein deel van ons totale zijn gebruiken om te leven, en zo weinig van de kracht gebruiken waarover we beschikken, en waarom we maar zo'n klein deel waarnemen van wat ons geboorterecht zou moeten zijn als wezens in een universum met veel werelden erin.

Waarom hebben we enorme bewustzijnsgebieden en gewaarzijn in ons, maar die ontoegankelijk blijven en door ons ontkend worden? Waarom identificeren we ons exclusief bij ons gedroomde zelf en ontkennen we de dromer, onze dubbel, het grotere deel? Hoe kunnen we een dubbelleven leiden, maar slechts een deel ervan onthouden, het kleinere deel?

Volgens Castaneda zitten we gevangen in deze toestand omdat het van buitenaf is opgelegd door deze onzichtbare indringer uit een andere wereld. Dit monsterlijke en kwaadwillende roofdier van ergens uit de onmetelijke gebieden van het universum heeft ons gevangen genomen. Het leeft met ons en voedt zich met ons bewustzijn, beheerst ons door zijn eigen geest bovenop die van ons te forceren. Het is een intelligent en geordend, niet helemaal zichtbaar roofdier, een anorganisch wezen uit onze parallelle wereld, dat erin is geslaagd om 'de mens, het magische wezen dat hij voorbestemd is om te worden... in een matig stuk vlees' te veranderen.

We worden als vee gehoed en herhaaldelijk ontdaan van ons bewustzijn. In een ingenieus proces neemt het roofdier het beste deel van ons bewustzijn in beslag, en laat ons alleen dat deel dat opvlamt in zelfmedelijden en eigendunk. Deze impotente vlammen worden ook gebruikt in een zich herhalend proces dat hopeloosheid en impotente furie genereert. Net als gevangenen die een onmogelijk lange gevangenisstraf uitzitten zonder zelfs maar te weten wat hun misdaad was, richten we onze energie op het vechten tegen de magere status en privileges die we in onze gevangenis hebben.

Deze plunderaar installeerde op de een of andere manier zijn eigen geest bovenop onze natuurlijke geest. Als een heimelijk roofdier dat zich bezighoudt met afschuwelijke activiteiten, is deze roofdierachtige geest conspiratief, sluw, ontwijkend en verraderlijk. Bovenal is het bang om ontdekt en ontmaskerd te worden. Omdat het roofdier zijn geest op het onze heeft geïnstalleerd, geloven we dat zijn angstige en paranoïde gevoelens en zorgen onze belangrijkste gevoelens en zorgen zijn. Wanneer we stappen ondernemen om de plunderaar uit ons leven te verwijderen, zijn we bang voor de toorn van een hogere gerechtigheid, omdat dat de zorgen van het roofdier zelf zijn. Het is doodsbang om op zijn schandelijke daden betrapt, ontmaskerd, en vervolgens beroofd te worden van voedsel.

Net zoals herhaaldelijke belichting nodig is als we de mal van de mens in ogenschouw nemen, om voorbij de eerste indruk te komen waar we onder de indruk zijn van en overweldigd worden door de glorie van ons eigen archetypische beeld, zo is het ook met de 'flyer'. Herhaalde blootstelling aan het roofdier is nodig om over de extreme afkeer, angst, schuldgevoelens, hopeloosheid en impotentie te stappen die we bij de eerste ontmoeting voelen.

Wanneer de 'flyer' herhaaldelijk geconfronteerd wordt met een stille geest, dan verdwijnt hij. Innerlijke stilte, het tegenovergestelde van innerlijke dialoog, maakt ons onverteerbaar voor het roofdier.

Wanneer het roofdier weg is, keert ons bewustzijn terug. We kunnen onze bewustzijnsjas weer aantrekken, onze glans terugkrijgen. Volgens Matus is dat 'de moeilijkste dag in... het leven, want de echte geest die bij ons hoort, het totaal van onze ervaring, is na een leven van overheersing schuchter, onzeker en onbetrouwbaar geworden. Persoonlijk zou ik zeggen dat de echte strijd... pas op dat moment begint. De rest is slechts voorbereiding.'

Dit angstaanjagende monster dat ons geknecht en gevangen houdt, is net als wij een integraal onderdeel van het universum. Mensen zijn geavanceerde 'energetische sonderingen gecreëerd door het universum'. Het universum wil zich bewust van zichzelf worden door ons. De monsters die ons gevangen houden, zijn onze uitdagers. Er is geen andere manier om het te beschrijven. Als we ze als zodanig accepteren, dan kunnen we voort.

14

GROOTVADER EN ANTOINE

Moeten geloven is niet hetzelfde als gewoon geloven. We denken dat we in een wereld van rede leven. Er is ook de wereld van wil en macht. Volgens Matus is de meest gevaarlijke tijd wanneer de wereld voor ons noch het een noch het ander is. Wanneer dit gebeurt, is de enige manier om voort te gaan te doen alsof men geloofde. Om vooruit te gaan, moeten we geloven zonder te geloven, maar dat neemt niet weg dat we onze situatie grondig moeten bekijken.

Een van de eerdere verhalen van Castaneda, uit *Tales of Power*, illustreert dit: het verhaal van Max de kat. Een vriendin van Castaneda vond twee achtergelaten poesjes en heeft ze grootgebracht. Enkele jaren later verkocht ze haar huis en kon ze de poezen niet meenemen of weggeven. Haar enige optie was de katten naar een dierenasiel brengen en laten inslapen. Castaneda bood zich aan als haar chauffeur.

Hij parkeerde voor het dierenasiel. Zijn vriend pakte

een van de poezen en droeg hem naar de faciliteit. Terwijl deze kat werd gedragen, speelde het dier met haar, spinnend en zachtjes pootjes gevend.

Castaneda keek naar de tweede kat, Max. In een oogwenk zag hij dat Max precies wist wat er aan de hand was en niet van plan was zich te laten meeslepen. Max gromde, siste en verborg zich onder de stoel. Na een paar halfslachtige pogingen om hem te pakken te krijgen, opende Castaneda het portier en riep, 'rennen, Max, rennen!'

Max veranderde plotseling 'in een echte katachtige' en schoot de auto uit, vloog laag bij de grond over de straat, langs de goot, tot hij een grote stormafvoer vond en het riool indook.

Castaneda vertelde dit verhaal keer op keer aan zijn vrienden en kreeg geleidelijk aan een aangenaam gevoel van identificatie met Max. Castaneda was er zeker van dat ook hij, hoewel hij leek op een verwend huisdier, op een dag zou kunnen worden ingehaald door de 'geest van de mensheid', en op dat ultieme moment zou kiezen om te ontsnappen in een uiteindelijke beslissende reis.

Het is niet genoeg om gewoon de meest voor de hand liggende optie te geloven, vertelde Matus hem. Je kunt niet zomaar de tweede optie negeren, dat de kat misschien binnen enkele minuten na zijn sprint naar de vrijheid verdronken of dood is. Het is één ding om een enkel stralend moment te hebben wanneer de geest het overneemt. Om er echter op voorbereid te zijn en het te ondersteunen, is een andere zaak.

Er is nog een andere optie het overwegen waard. Hoe zit het met de andere kat? Uiteraard willen we ons identificeren met Max, maar hoe zit het met de mogelijkheid dat we in plaats daarvan net als de andere kat zouden zijn die zich gezapig liet meenemen om gesnuft te worden, nog vol met huiselijke katillusies?

Als wij een definitief oordeel willen vellen over de waarachtigheid en waarde van Castaneda's werk, moeten we ook twee werelden overspannen, waar het noch de een noch de ander is. Ten eerste zouden we eenvoudig het verhaal van Castaneda gewoon kunnen geloven, dat hij in 1960 don Juan leerde kennen in Arizona en alles precies heeft gedaan zoals beschreven. In de boeken heeft Castaneda ons minstens twee sterke suggesties gegeven om die optie te verwerpen. Hij bevestigde het tegenstrijdige verhaal van Florinda Grau over haar interactie met hem, en hij kwam met het verhaal van Antoine de plagiator in de laatste pagina's die hij ooit publiceerde.

De tweede optie is om op deze tegenstellingen te hameren, en op Castaneda's falen wat annotatie en bevestiging betreft, afgezien van andere bedenkingen buiten de teksten van Castaneda om. Vervolgens beoordelen we de auteur als een schaamteloze zwendelaar, een bedrieger en een verrader van het laagste soort, wiens flagrante en eigenzinnige oneerlijkheid al zijn geschriften ondermijnt en diskwalificeert. Zijn ideeën moeten daarom ook als onwaardig worden beschouwd.

Als we een positieve waarde willen toekennen aan het werk van Castaneda, zonder Castaneda toe te laten om ons voor de gek te houden, moeten we een derde optie accepteren. We moeten geloven dat het verhaal van Antoine Castaneda's sterfbedbelijdenis was. Dat betekent natuurlijk dat de auteur zelf niet het leven heeft geleefd dat wordt beschreven in de Castaneda-boeken. Hij plagieerde op een of andere manier andermans werk om het lange epos met de karakters van Carlos Castaneda, don Juan Matus en alle andere tovenaars en leerlingen te produceren.

Misschien heeft de auteur een oud onbekend manuscript ontdekt dat het verhaal vertelt van een andere Castaneda en don Juan, echt of ingebeeld, uit een andere tijd. Of misschien kende hij een raconteur die het verhaal kende van een historische don Juan, of die verhalen reciteerde uit de orale traditie van een stam.

In beide gevallen heeft Castaneda zich wellicht als hoofdpersonage in het verhaal gevoegd, niet anticiperend op de ongelooflijke populariteit die hem zou inhalen en hopeloos zou verstrikken. Succes na succes dwong hem om door te gaan en de leugen uit te breiden, aanvankelijk voor slechts twee of drie boeken, en dan nog tientallen jaren, totdat het enorme gewicht van de misleiding te veel werd en, voor veel lezers, de mythe begon te ontrafelen.

Ongeacht of het werk authentiek of fictie is, of authentiek maar geplagieerd, wat is de waarde ervan? Hoe goed is het verhaal? We moeten accepteren dat dit de vragen zijn die overblijven.

* * * * *

Het is niet gemakkelijk om je een 20e-eeuwse jeugd en opvoeding voor te stellen die een schrijver van je zou kunnen maken die het hele epische verhaal van Castaneda en don Juan zou kunnen opschrijven, of het nu feit of fictie is. We zouden ons een kind moeten voorstellen dat onbelemmerd is grootgebracht, opgevoed door een goedaardig en vrijzinnig gezin op het platteland, zowel ongerepte als onbeschut. Hij zou op een of andere manier in een land leven buiten de tijd, vol historische karakters maar enigszins afgescheiden van de wereldwijde veranderingen van die periode. Hij zou tijdens de Tweede Wereldoorlog volwassen zijn geworden als een westerling van mixed nationaliteit, zonder er door beïnvloed te zijn geweest.

Castaneda zorgde voor veel anekdotische momenten uit zijn vroege leven en in zijn laatste boek, *The Active Side of Infinity*, voegde hij er meer aan toe. Hij zei dat zijn moeder hem had verlaten toen hij nog heel jong was, en dat zijn vader die leraar was, hem naar een boerderij van zijn rijke grootvader stuurde ergens midden in Zuid-Amerika. Castaneda vond het een ideale situatie, in die zin dat hij opgevoed was door een vader die hij beschreef als 'attent, teder, zachtaardig en hulpeloos', en een krachtiger grootvader.

Om die reden werd hij voornamelijk aan zijn lot overgelaten. Als een jongen zwierf hij over de boerderij van zijn grootvader. Toen een witte valk hun kippenhok terroriseerde, besloop Castaneda wekenlang de vogel, maar toen hij eindelijk zijn kans kreeg en zijn geweer ophief en mikte, besloot hij het prachtige wezen niet te schieten.

Hij maakte op dappere wijze vrienden met de aartsvijand van zijn grootvader, Leandro Acosta. Acosta was een dakloze zwerver, die vaak werd beschuldigd van inbraak door zijn grootvader. Hij woonde in het bos en verdiende zijn brood op verschillende manieren, voornamelijk door levende dieren te vangen om aan verzamelaars te verkopen. Na verschillende jachtexpedities samen, stelde Acosta voor dat de achtjarige jongen hem zou helpen met de meest opwindende uitdaging: een levende gier vangen. Dit betrof het innaaien van de jongen in de buik van een dode ezel, om te wachten tot de koningsgier zou neerdalen en de ezel opeten. Alles ging volgens plan, en toen de gier het lichaam van de ezel openscheurde en zijn kop naar binnen stak, greep Castaneda het bij de nek en wist het lang genoeg vast te houden voor Acosta en zijn helpers om de vogel te vangen.

Op negenjarige leeftijd speelde hij heel goed biljart. Toen een criminele vriend, Falelo Quiroga, zich hiervan bewust werd, kocht hij de jongen om met koffie en gebakjes. Hij liet hem biljarten tegen lokale spelers gedurende middernachtelijke wedstrijden terwijl er werd gegokt om hoge inzetten. Toen hij Quiroga voor het eerst ontmoette, stelde Castaneda zichzelf voor als Carlos Aranha, zijn favoriete naam als jongen. Quiroga stuurde een van zijn handlangers om de jongen uit zijn slaapkamer te helpen ontsnappen voor elke wedstrijd, en hem op te vangen als hij uit het raam sprong. Ze wonnen wedstrijd na wedstrijd, waarbij Quiroga beloofde geld op de bank te storten voor de jongen. Op een keer wilde hij dat Castaneda een wedstrijd opzettelijk met één punt moest verliezen. Als hij zou weigeren, bedreigde de vreselijke boef hem met een niet verder bepaalde straf. Castaneda raakte in paniek en kon geen antwoord geven. Zijn grootvader werd op een of andere manier gewaarschuwd en redde hem door de hele familie naar een andere stad ver weg te verhuizen.

In zijn nieuwe stad zakte hij met zijn vriend Crazy Shepherd met een vlot de rivier af gedurende hoogwater. Ze zaten acht dagen lang vast op een eiland terwijl de rivier hard stroomde. Mensen uit de stad lieten vlotten naar hen toe drijven met voorraden om hen in leven te houden.

Een jaar later, toen hij tien was, daagde zijn vismaatje, Sho Velez, hem uit om weer eens met een vlot te gaan varen, ditmaal op een ondergrondse en onontdekte rivier die verdween in een berg een grot in. Velez' enigszins getikte vader was van plan om het te doen per vlot, wat fataal zou zijn geweest. Om de vader te redden, jatten de twee jongens het vlot, gingen de grot binnen en met de sterke stroom het midden van de berg in. Ze kwamen terecht in een diep en stil onderaards reservoir zonder zichtbare uitgang en zonder mogelijkheid terug te keren. Castaneda dook de diepte in en vond een gat dichtbij de bodem waar het water van het reservoir in wegliep. Met geen andere keus omhanden verlieten beide jongens het vlot, doken het gat in en belandden uiteindelijk in een stroomversnelling, tot ze aan de andere kant van de berg heelhuids tevoorschijn kwamen.

Crazy Shepherd en Velez waren de enige mensen in de stad waarvan Castaneda vond dat ze levend en vitaal waren; ze hadden moed. 'Niemand anders in die hele stad had het. Ik heb ze allemaal getest. Wat mij betreft was iedereen dood, inclusief de liefde van mijn leven, mijn grootvader.'

Decennia later stond don Juan erop dat Castaneda zijn bewustzijn van al zijn belangrijke herinneringen zou ontdoen, om de kopstukken te bedanken die zijn positieve ervaringen deelden, of om de negatieve restanten van ongezonde herinneringen kwijt te raken.

Castaneda's grootvader vergeleek hem met zijn twee neefjes van ongeveer dezelfde leeftijd. Alfredo was knap en verwend door zijn goede uiterlijk, en werd altijd voor elk feest uitgenodigd. Luis was huiselijk en niet te slim, maar eerlijk. Hij werd zelden uitgenodigd en bleef thuis. Volgens zijn grootvader was Carlos een speciaal karakter, niet goed of slecht, en werd over het algemeen gemeden, maar kwam wel elk feest binnen.

Gedurende een bepaalde tijd, rond 14-jarige leeftijd, woonde Castaneda bij een tante in wiens huis het spookte. Na een tijd stuurde iemand hem naar Italië om beeldhouwkunst te studeren. Daar introduceerde zijn Schotse vriend, Eddy, hem aan de onvergetelijke ouderwordende prostituee, Madame Ludmilla.

Zijn volgende herinnering is van twee vriendinnen van de middelbare school, Patricia Turner en Sandra Flanagan, die beste vrienden van elkaar waren. Hij kreeg het voor elkaar om ze allebei op hetzelfde moment verliefd op hem te laten worden. Niet lang daarna raakte hij verloofd met Kay Condor, een aankomende actrice; hij vond haar leuk omdat ze blond was en een hoofd groter dan hij. Zijn vrienden kwamen naar de bruiloft, maar Condor stuurde hem een bericht dat ze het niet aankon.

Castaneda's professoren en werkgevers maken ook deel uit van zijn samenvatting. Maar de laatste, en de topvermelding, was voor zijn grootmoeder, die hij plotseling introduceerde, en nu beweerde dat zij de echte kracht achter zijn welwillende grootvader was. In feite was het niet nodig om dit verhaal uit de doeken te doen, vooral aan het einde van zijn laatste boek en tegen het einde van Castaneda's leven.

Zijn grootmoeder redde een plaatselijke inheemse man die op het punt stond gelyncht te worden door haar werknemers, beschuldigd van tovenarij. Deze geredde tovenaar werd haar dienaar. Hij adviseerde haar om een pasgeboren wees te adopteren en hem op te voeden als haar eigen zoon, wat haar uitgebreide familie boos maakte en van haar vervreemdde. Ze stuurde de geadopteerde zoon, Antoine genaamd, naar Europa om te studeren. Begin jaren dertig keerde hij terug om haar te bezoeken in een tijd dat de jonge Castaneda bij haar verbleef.

Castaneda en zijn grootmoeder beschreven Antoine als een 'toneelschrijver, theaterregisseur, schrijver, dichter'. Ze beweerden allebei herhaaldelijk dat Antoine leefde, in tegenstelling tot het hele gezin dat als lopende lijken bestempeld werd. Zijn enige onvervulde wens was om talent te hebben en een 'belangrijke schrijver' te zijn.

Antoine schreef, regisseerde en acteerde in een veelgeprezen toneelstuk in een lokaal theater. Maandenlang waren de uitvoeringen succesvol, totdat hij plotseling in een krant werd aangeklaagd en zijn werk plagiaat bleek te zijn. De grootmoeder wilde het niet geloven en bleef haar geadopteerde zoon steunen, en beschuldigende de hele stad van ernstige jaloersheid.

Dagen later belde grootmoeder Antoine op en vroeg om een ontmoeting. Ze zei dat ze op sterven na dood was en geen tijd meer had, maar moedigde hem aan om door te gaan met leven. Op advies van haar tovenaar-adviseur had ze alles wat ze bezat verkocht en alle opbrengsten aan Antoine overgedaan. Ze smeekte hem te vertrekken vlak voordat de familie wraak zou komen nemen. Antoine pakte zijn koffers, bestelde een auto en een chauffeur en maakte nog een laatste stop bij het huis van de grootmoeder voordat hij vertrok. Hij reciteerde een nieuw origineel gedicht, dat ze meteen accepteerde als een geplagieerde en toch waardevolle gift van hem, en stuurde hem op weg terug naar Europa.

We moeten hieruit afleiden dat Castaneda altijd gewild heeft dat we hem op dezelfde manier zouden behandelen, zoals zijn grootmoeder Antoine behandelde.

15

TWAALF BOEKEN, DERTIG JAAR

Om een idee te krijgen van het bereik en de omvang van de totale werken van Castaneda, en hoe zijn onderliggende ideeën zijn geïntroduceerd en geïllustreerd, worden hier korte overzichten en samenvattingen gepresenteerd van de 12 boeken. Castaneda's filosofie van het bereiken van volledig bewustzijn door het geheugen, en het samenspel van de eerste en tweede aandacht, kan het best worden begrepen in relatie met zijn verhaal dat zich over een lange periode ontvouwde. Jaartallen worden vermeld om de chronologische context van boeken en historische gebeurtenissen te laten zien.

BOEK 1: *The Teachings of Don Juan: A Yaqui Way of Knowledge* (1968)
OVERZICHT: Castaneda ontmoet don Juan in een bushalte. Introductie van concepten van *diablero* en *brujo*. Don Juan's familiegeschiedenis. Datums van het eerste

leerjaar: 1960 tot 1965. Drie 'krachtplanten'. Krachtobjecten. Maïs tovenarij en bondgenoten. De beste plek vinden om op de veranda te zitten. Peyote eten en spelen met de hond. Duivels kruid. Vier vijanden: angst, helderheid, kracht en ouderdom. Peyote plukken. Mescalito ontmoeten. Een pad vinden met je hart. Datura en hagedissen. Datura en vliegen. Het kleine beetje rook dat je lichaam meeneemt. Mescalito zingt op een lichtgevend peyote-veld. Zeewier. Duivels kruid als een spion. Twee hagedissen. Een kraai worden. Laatste ontmoeting. Verloren raken en zijn ziel herwonnen.

SAMENVATTING: Het eerste boek, gepubliceerd op het hoogtepunt van de politieke onrust in de jaren zestig in de VS, was de introductie van Castaneda en don Juan. Hun eerste ontmoeting in 1960 werd beschreven. Enkele vrienden en familieleden van Matus werden geïntroduceerd. Matus 'instructie in het kweken en gebruiken van 'krachtplanten' - peyote, datura en paddenstoelen - werd ook uitgelegd. Don Juan besloot om Castaneda als zijn leerling te nemen, maar na vijf jaar raakte Castaneda in paniek, vreesde dat hij zijn verstand zou verliezen en trok zich terug uit Mexico in 1965.

BOEK 2: *A Separate Reality: Further Conversations with Don Juan* (1971)

OVERZICHT: Het verschil tussen zien en kijken. *Sacateca* dansen. Jongens buiten het restaurant. Don Vicente, drie mensen in een auto en een misplaatst cadeau. Bondgenoten. *Mitote. Bacanora* voor Lucio. Eligio ontmoeten. Denken. Het zien sterven van Don Juan's zoon, Eulalio. Ontmoeting met Genaro. Nestor en Pablito, zijn leerlingen. Don Genaro op de waterval. Muggen beschermer van de andere wereld. Don Juan's ouders. Castaneda's belofte aan de jongen met de 'knopneus'. Don Juan's weldoener kan niet zien. Geest van een waterpoel. Groene mist en bubbels. Reizen in water. Een bondgenoot roken. La Catalina. Schilden. Gaten in geluiden. Een gevecht met kracht. Don Genaro volgen.

SAMENVATTING: Castaneda keerde terug naar Mexico in 1968 en begon opnieuw zijn relatie met Don Juan. Don Genaro Flores werd geïntroduceerd als de makker van Matus, en de lange leerjaren met rondzwerven in de woestijn begonnen gestalte te krijgen. De paradox van gewaarzijn werd geïntroduceerd, waarbij het noodzakelijk is dat we ons beschermen tegen de onverklaarbare krachten van het universum. Als dat het enige is wat we doen, dan verliezen we ons geboorterecht als mensen, als waarnemers die in staat zijn tot magie. Het verschil tussen kijken en zien werd uitgelegd en gedemonstreerd.

BOEK 3: *Journey to Ixtlan: The Lessons of Don Juan* (1972)
OVERZICHT: Don Juan vertelt over het stoppen van de wereld. Overeenkomsten. Mist rond jezelf maken. De juiste manier van lopen. Een voorteken. Praten tegen planten. De witte valk. De dood als onze adviseur. Verantwoordelijkheid nemen. Castaneda's vader. Jagers. 'Natuurlijk zijn we gelijk.' Beschikbaar en niet beschikbaar zijn. Stop met prooi te zijn. Magische herten. De laatste daad op aarde. Het konijn in de strik. Toegang krijgen tot macht. Dromen. Begraven worden. Een bergleeuw in de val lokken. Besturen en verlaten.

Bliksem in de mist. De grot. De brug in de mist. Dans bij zonsondergang op de top van een heuvel. Wezens van de nacht. Schaduwen. Vier strijders maken een ring van vuur. La Catalina. Don Genaro laat Castaneda's auto verdwijnen. De wereld stoppen en praten met een coyote. Don Genaro op weg naar Ixtlan.

SAMENVATTING: Don Juan gebruikte niet langer 'krachtplanten' om Castaneda te helpen. Castaneda's bewustzijn werd nu geopend en zijn verdedigingen omlaag gehaald; hij moest leren leven als een strijder, zodat hij het onbekende kon verkennen terwijl hij zichzelf kon beschermen tegen aanvallen. Castaneda leert over persoonlijke geschiedenis uitwissen, eigenbelang verliezen, de dood als adviseur, verantwoordelijkheid nemen, een jager worden, ontoegankelijk zijn, verstoren van de routines van het leven, de laatste veldslag op aarde, toegankelijk worden voor macht en de gemoedstoestand van een krijger. Dromen werd geïntroduceerd als de veiligste manier om bewustzijn te verruimen.

BOEK 4: *Tales of Power* (1974)

OVERZICHT: Don Juan legt het belang van persoonlijke macht uit. Een mot in de struiken. 48 vrienden opbellen. Don Genaro. Het dubbel. Op twee plaatsen tegelijk zijn. Het dubbel probeert te urineren. Verhaal over het dubbel van don Genaro. Het dubbel droomt over het zelf. Genaro roept de bondgenoot. Acht punten van lichtgevende vezels - twee epicentra: rede en wil. Don Juan in pak en stropdas. Moeten geloven. Max de kat. Een stervende man in Alameda Park, Mexico-stad. Het tonale en het naguale. Dingen op tafel. Naar tonalen kijken.

Don Juan duwt Castaneda door het kantoor van de luchtvaartmaatschappij heen. Genaro vliegt tussen de bomen door. Pablito, Nestor en Genaro. De strategie van de leraren uitleggen. De zeepbel van perceptie. Reflecties op muren. Springoefeningen. De vier bondgenoten ontmoeten: zwarte rechthoek, reuzencoyote, magere man en zwarte jaguar. Op en neer gegooid worden. De verklaring van de tovenaar. Van de rots afspringen.

SAMENVATTING: Castaneda leerde zijn andere zelf, zijn dubbel, te ontmoeten. Het fenomeen dubbel werd uitgelegd en hoe het bestaat door ons tweestapsproces van waarneming. Het dubbel wordt aangetroffen in dromen, en dan leren we dat het dubbel datgene is dat ons droomt - dit is het mysterie van de dromer en het gedroomde. De acht punten van ons wezen werden uitgelegd, en hoe we normaal gesproken slechts twee van de acht punten gebruiken. Het tonale en het naguale werden ook geïntroduceerd als het bekende en het onbekende, evenals het eiland van het bekende en het belang ervan. De uitleg van de tovenaars werd gegeven en hoe het leidde tot de gebeurtenissen op het hoge plateau in 1973, toen Castaneda van de rots sprong.

BOEK 5: *The Second Ring of Power* (1977)

OVERZICHT: Castaneda rijdt op de nieuwe weg van Pablito. De nieuwe vloer van Dona Soledad. De hond in de auto. De aanraking van het dubbel. De 'kleine zusjes', Lidia, Josefina, La Gorda en Rosa, komen aan. Het dubbel geeft Rosa een klap. De genezing van Rosa en Soledad. Het dubbel komt weer tevoorschijn en La Gorda komt binnen. In de grot. De bondgenoten oproepen. De menselijke vorm. De 'Genaros' - Pablito, Nestor, Benigno en Eligio. Tolteken. Pablito's stoel. Bespreking van hun vier sprongen. *The Art of Dreaming*. Kinderen en volledigheid. De 'kleine zusjes' geven een voorstelling. Josefina's geschenk. Castaneda onthoudt het. De tweede aandacht. Het tonale en naguale. Staren. Twee gezichten.

SAMENVATTING: Castaneda keerde terug naar Mexico op zoek naar uitleg. In plaats daarvan raakte hij verstrikt in een strijd om macht tussen de leerlingen. De 'Genaros' en de 'kleine zusters' werden geïntroduceerd. Castaneda verwondde en genas toen drie van hen, maar ze ontdekten dat Castaneda niet hun leider kon zijn. Castaneda kon voor het eerst zien.

Boek 6: *The Eagle's Gift* (1981)

OVERZICHT: Castaneda bezoekt de piramides in Tula. Voorwerpen van fixatie van tweede aandacht van oude tovenaars. Op zoek naar Matus en Genaro Flores. Samen dromen en zien met La Gorda. De sabeltandstijger. Vechtende leerlingen gaan naar de stad. Het huis van Silvio Manuel. De brug oversteken. Een muur van mist. Verschillende wegen inslaan. Castaneda verliest de menselijke vorm in Los Angeles. De naguale vrouw herinneren. Wie is de baas van Castaneda, Juan Matus of Silvio Manuel? Het dorre landschap van zwavelduinen. Limbo. Herinneren van bewegingen tussen de eerste en tweede aandacht. De wetten van de naguale. Vier soorten mannen en vier soorten vrouwen. Julian neemt don Juan mee naar de kerk. Don Juan's vrijage met Olinda. Don Juan's groep van 16 strijders. Castaneda's groep van acht vechters. Castaneda en La Gorda overtreden de regels.

Silvio Manuel probeert te helpen. Castaneda verliest energie en leeft daarna weer op. Florinda en Celestino. Castaneda's gelofte met dona Soledad. De gevederde slang.

SAMENVATTING: De leerlingen gingen uit elkaar en kozen hun eigen weg. Castaneda en La Gorda, die samenwerkten, leerden hoe ze het andere zelf konden herinneren en hoe ze heen en weer konden bewegen tussen de eerste en tweede aandacht. Ze droomden samen en ontdekten gedeelde herinneringen in de tweede aandacht. Leren bewegen van de eerste naar de tweede aandacht was de lesmethode die werd gebruikt om tot de totaliteit van jezelf te komen. Castaneda herinnerde en begon het verhaal te vertellen van de oude tovenaars van Mexico, de Tolteken. De nieuwe zieners werden gedefinieerd, met hun nieuwe versie van de Tolteken-religie. Herinneringen aan onze helderheid werden ook uitgelegd.

BOEK 7: *The Fire from Within* (1984)

OVERZICHT: Verruimd bewustzijn en herinneren worden besproken. Tolteekse helderzienden. De geslachten van de nieuwe zieners begonnen rond 1600 na Christus. Don Juan's afstamming bestond uit 14 nagualen en 126 zieners. Een nieuw begin was genoteerd in 1723; de acht volgende nagualen waren anders dan de zes voorgaande. Kleinzielige dwingelanden. Don Juan en de voorman. De adelaar en zijn emanaties. Seksuele energie. De voorraad. Anorganische wezens. De spiegel in het water. De slag van de nagual. De vorm van de cocon. Rennen met La Catalina. Het bedwingen van het bewustzijn.

Julian en zijn veranderingen. Mensen en de tuimelaar zien. Sebastian en de doodsontspringer. De vier zieners en hun hof. De mal van de mensheid.

SAMENVATTING: Lessen voor de rechter- en linkerkant werden nu uitgelegd en de groep van 16 tovenaars van Matus werd geïntroduceerd. Ook werden beschreven het bedwingen van bewustzijn, de sommering van don Juan's lessen; de agglomeratie van energievelden; de lichtgevende bol; en het assemblagepunt waar perceptie wordt samengesteld. Het idee van de adelaar en het universum werd uitgelegd, waar waarneming andere werelden en wezens worden rangschikt op posities van het assemblagepunt. De mal van de mensheid werd beschreven, en het belang ervan. Manieren van sterven werden geïntroduceerd, inclusief verbranden van binnenuit. En Castaneda liet zien hoe de adelaar ons het bewustzijn verleent en ons verhoogde bewustzijn opeet wanneer we sterven.

BOEK 8: *The Power of Silence* (1987)

OVERZICHT: De leraar van Matus, Julian, en zijn leraar Elias. Julian de tragische acteur. Don Juan bedriegen. Kennismaken met Vicente Medrano en Silvio Manuel. De emanaties zien. De plaats van geen medelijden. Don Juan verlaat het huis van de nagual en heeft een gezin. Don Juan sterft en keert dan terug naar Julians huis. Beslopen door een jaguar. Gigantisch worden. Hier en hier. Julian gooit don Juan in de rivier. Twee eenrichtingsbruggen. Tulio.

SAMENVATTING: Stilte betekent het stopzetten van de interne dialoog; stille kennis versus kennis van taal en rede. Er zijn twee delen van ons wezen: het stille deel - oud, rustig en verbonden; en het moderne rationele deel - licht, nerveus en snel. De oude mens werd geleid door stille kennis, en dat tijdperk duurde veel langer dan ons huidige. De ontwikkeling van het individuele zelf en de individuele taal leidde tot buitensporig eigenbelang. Er zijn twee punten - stille kennis en rede - met twee eenrichtingsbruggen tussen hen in. Het assemblagepunt maakt geïsoleerde eilanden van percepties.

Boek 9: *The Art of Dreaming* (1993)
OVERZICHT: Introductie van Carol Tiggs, Florinda Grau en Taisha Abelar. Oude tovenaars veranderden hun vorm van menselijke energie vaak. Don Juan neemt Castaneda mee naar een stad die niet van deze wereld is. Interactie met anorganische wezens. Verhoudingen met een vervelende afhankelijkheid. Geheime ontmoetingen met de anorganische wezens. De dromende afgezant en zijn advies. Verkenners en tunnels. Elias en Amalia. Een deur met de naam dromen. 'Niemand wil vertrekken.' Het trieste meisje. Een dodelijke ontmoeting overleven. Samenvatting voor de derde poort. Aangevallen worden op straat in Tucson. De wereld is een ui. Bewustzijn is een element. Afspraak met de huurder. Mannelijk en vrouwelijk zijn bestaan uit posities van het verzamelpunt. De vrouw in de kerk. Roepen in de tweede aandacht. Carol verliest haar lispelen. Carol is verdwenen.

SAMENVATTING: Dromen is de enige manier om het assemblagepunt harmonieus te verplaatsen. Het is ook het gevaarlijkste facet van tovenarij. De eerste poort van dromen is het zich bewust worden van in slaap vallen, en dan een droom vasthouden. Droomaandacht is het beginnende deel van de tweede aandacht, net als een rivier die naar de zee leidt, dat de volledige tweede aandacht is. Matus verklaart het energielichaam. Dromen is

tweerichtingsverkeer, een luik tussen werelden vol verkenners uit andere werelden. De tweede poort van dromen is het veranderen van werelden in een droom of het volgen van een verkenner. Castaneda ontmoet de andere wezens die de aarde met ons delen. De anorganische wezens en hun historische rol in dromen worden uitgelegd. Ze helpen dromers en hebben hun aantrekkingskracht. De oude tovenaars kwamen allemaal uit in hun rijk. Castaneda beet in het lokaas, werd gevangen genomen en vervolgens gered. Later ontmoette Castaneda de vrouw in de kerk, de doodsontspringer.

Boek 10: *Magical Passes* (1998)

OVERZICHT: Castaneda verhuist naar Los Angeles met zijn drie vrouwelijke cohorten, Tiggs, Grau en Abelar. Er zijn zes centra van vitaliteit in het menselijk lichaam. Eén is overgenomen door een indringer, een onzichtbaar roofdier.

SAMENVATTING: Castaneda woonde nu in Los Angeles met zijn drie vrouwelijke cohorten, als leider van een nieuwe, moderne tovenaarsonderneming. Hij introduceert magische bewegingen, die ontdekt waren door tovenaars uit de oudheid en die een integraal onderdeel van zijn leertijd vormden. Castaneda heeft ze nu voor iedereen beschikbaar gesteld.

Boek 11: *The Wheel of Time* (1998)
OVERZICHT: De betekenis van tijd. De woorden van don Juan herinneren.
SAMENVATTING: Fragmenten uit eerdere boeken.

Boek 12: *The Active Side of Infinity* (1999)
OVERZICHT: Castaneda ontmoet Madame Ludmilla. Bill zet Castaneda af bij het eindpunt van de Greyhound buslijn. Jorge Campos en Lucas Coronado. Vitaminol, de remedie voor alles. De psychiater klopt. Pete en Patricia. Rodrigo Cummings gaat naar New York. The Great Garrick. Don Juan komt naar LA. Professor Lorca. Patricia en Sandra. UCLA. Falelo Quiroga's deal. Een levende gier vangen, biljarten en met vlotten de rivieren afzakken. Luigi Palma. Alfredo, Luis en Carlos. Een bezoek aan de Yaquis. De tante die 's nachts wandelt. Ernest Lipton en zijn Volkswagen. Al onze levens zien. De 'flyer'. Mensen worden gekweekt als kippen en in menselijke hokken gehouden. Leandro Acosta. Sho Velez. Antoine. Scheepscafé.
SAMENVATTING: Castaneda beschrijft zijn kindertijd met zijn grootvader, zijn boerderij en zijn stad. De "flyer' wordt geïntroduceerd en beschreven, samen met de grootmoeder van Castaneda en haar lieveling Antoine, de plagiaatpleger.

REFERENTIES

Abelar, Taisha. 1992. *The Sorcerers' Crossing: A Woman's Journey*

Donner, Florinda. 1991. *Being-in-Dreaming: An Initiation into the Sorcerers' World*

OVER DE AUTEUR

foto door Sulastri

Peter Luce was onderwijzer in Philadelphia en werkte daarna 30 jaar in de juwelenhandel tussen Bali en New York. Hij woont nu in Indonesië

contact
www.gettingcastaneda.com
PeterLuce@gettingcastaneda.som

www.ingramcontent.com/pod-product-compliance
Lightning Source LLC
Chambersburg PA
CBHW021124300426
44113CB00006B/278